GAI教育领航者丛书

丛书主编 王晶莹 马玉娟 郑永和

教学创新

生成式人工智能重构教学资源

本书主编 田雪葳 李 磊

電子工業出版社
Publishing House of Electronics Industry
北京•BEIJING

内容简介

本书聚焦于生成式人工智能（GAI）重构教学资源，定位为教育教学素材制作与创新指导手册。书中系统阐述GAI给教学素材革新带来的机遇与挑战，详细介绍其赋能图片、视频、PPT、图表、数字人及智能体应用等六类教学资源的路径与方法，结合丰富案例解析操作步骤与策略。全书注重理论与实操结合，深入剖析技术原理与教学痛点，助力教师突破技术壁垒，提升教学资源开发效率与质量。本书适合一线教师与教育管理者阅读，配备丰富案例与工具资源，为教学创新提供新思路。

图书在版编目（CIP）数据

教学创新 ： 生成式人工智能重构教学资源 / 田雪葳，李磊主编． -- 北京 ： 电子工业出版社， 2025. 8.
(GAI 教育领航者丛书). -- ISBN 978-7-121-50942-1

Ⅰ． G632.0-39

中国国家版本馆 CIP 数据核字第 2025JW1945 号

责任编辑：张慧敏
印　　刷：三河市良远印务有限公司
装　　订：三河市良远印务有限公司
出版发行：电子工业出版社
　　　　　北京市海淀区万寿路 173 信箱　　邮编：100036
开　　本：720×1000　　1/16　　印张：12.25　　字数：180.32 千字
版　　次：2025 年 8 月第 1 版
印　　次：2025 年 8 月第 1 次印刷
定　　价：69.00 元

凡所购买电子工业出版社图书有缺损问题，请向购买书店调换。若书店售缺，请与本社发行部联系，联系及邮购电话：（010）88254888，88258888。

质量投诉请发邮件至 zlts@phei.com.cn，盗版侵权举报请发邮件至 dbqq@phei.com.cn。

本书咨询联系方式：faq@phei.com.cn。

本书编委会

主　　编：田雪葳　李　磊

副 主 编：周　勇　李建新　韦立君

编委会成员：吴安琪　田　冲　黄葆颜　刘文科　岳靓文泽
余舒雯　陈雨晴　王翔宇　李　响　张启业
田丽杰　付洪艳　薛宏宇　张　静　徐　静

推荐序

在科技与教育深度融合的时代语境下，《教学创新：生成式人工智能重构教学资源》以“数字技术重塑教育生态”为切入点，回应国家“推进教育数字化”的战略号召，聚焦于生成式人工智能（Generative Artificial Intelligence，GAI）在教学素材开发中的创新应用，为一线教师提供从理论认知到实践操作的全景式指南。本书立足于基础教育场景，紧扣“技术赋能教学素材迭代”这一核心命题，通过大量案例与技术解析，构建了“工具认知—场景应用—创新设计”的立体化知识体系，旨在帮助教师打破传统素材开发的思维定式，在人机协同中释放教学创造力。

传统教学素材的开发长期受制于技术壁垒与资源不足：静态文本难以呈现动态科学原理，平面图表无法直观揭示数据关联逻辑，标准化课件难以适配差异化学习需求。本书以 GAI 技术为破局关键，系统展现其在六大核心教学资源中的赋能路径：从图片与视频的智能生成、PPT 制作的自动化、教学图表的高效制作，到数字人助教的课堂互动、智能体的个性化学习支持，技术与教学的深度融合贯穿始终。例如，通过 GAI 生成“水的沸腾实验”动态流程图，教师可一键实现实验步骤的可视化拆解；利用多模态数据生成初中语文《背影》的人物关系思维导图，帮助学生构建文本分析框架；借助数字人技术创建虚拟教师，为偏远地区学生提供沉浸式场景教学——这些实践案例彰显了 GAI 在突破时空限制、优化认知路径中的独特价值。

教材的创新性更体现在对“教育本质”的坚守：技术并非替代教师，而是延伸教育的可能性边界。书中强调，教师的核心竞争力在于基于教育规律的素材设计能力，而GAI则可以承担数据处理、内容生成等机械性工作。例如，在“一元二次方程”的教学中，GAI可快速生成分层练习题与动态函数图像，但引导学生理解方程本质、构建数学思维的核心环节，仍需教师通过课堂互动实现。这种“教师主导创意，技术执行细节”的协同模式，既保留了教育的人文温度，又释放了技术的效率优势。

本书的实践导向还体现在对操作流程的精细化拆解：从GAI工具的选择（如文心一言、智谱清言的场景适配）、提示词的优化策略（如“角色—场景—需求”三段式指令），到素材生成后的二次加工与课堂应用策略，均提供了可复用的方法论模型。例如，教师通过“输入教学目标—选择素材类型—调整参数设置”三步法，即可快速生成适配不同学情的课件、习题与互动资源，显著降低技术应用门槛。书中更通过“初中生物虚拟讲解”等具体案例，展现GAI在跨学科教学、项目式学习中的实操路径，助力教师将技术能力转化为课堂创新力。

站在教育数字化转型时代的关键节点上，本书试图构建“技术理性”与“教育温情”的平行坐标系：既深度解析GAI的算法逻辑与工具特性，又始终以“学生的全面发展”为价值锚点。而教师的角色，也将从“素材生产者”升级为“学习体验架构师”，在人机协同中重新定义教育的创新边界。

教育的未来，是技术赋能下的因材施教。期待本书成为一把钥匙，引领教师打开GAI技术的宝库，在教学素材的重构中看见教育的更多可能——让每一个知识点都能以最契合学生认知的方式呈现，让每一次课堂互动都能激发学生思维的火花。当技术的理性与教育的温度共振，我们终将抵达“以学生为中心”的教育新境界。

刘虎

北京航空航天大学教授、博士生导师，

北航学院院长兼工程实践与创新中心主任

2025年4月10日

前言

近年来，生成式人工智能（Generative Artificial Intelligence，GAI）的出现和迅猛崛起，在给教师带来各项挑战的同时也为教师的教育教学带来了新的机遇。《2023 年十大新兴技术报告》中指出，GAI 是一种通过学习大规模数据集生成新的原创内容的新型人工智能[①]。基于机器学习和深度学习，GAI 采用超大算力和预训练模型，结合多模态技术，具备自动化生成文本、图片、视频等内容的能力。正因如此，GAI 能有效生成教师所需的各类教学资源，在丰富教学资源获取路径的同时提升教学资源质量。然而，目前我们的一线教师，尤其是偏远地区的教师，普遍缺乏有效利用 GAI 生成教学素材的相关技术手段。因此，本书作为教育教学的素材制作和创新指导手册应运而生，旨在为广大一线教师和教育管理者提供GAI赋能教学素材的新视角和实践路径，突破教学实践中的技术壁垒。

在这本书中，你将系统地了解 GAI 给教学素材革新带来的新机遇与挑战，以及 GAI 如何通过赋能六类资源来促进教学资源的丰富和创新。本书分为六章，分别介绍 GAI 给教学素材带来的革新，以及 GAI 如何赋能六大资源。第一章深入讲解目前教学素材的现状和所面临的五大挑战，而 GAI 的出现为教学素材突破困境提供了多样化解决路径，具体将从六类教学资源入手，讲述 GAI 在教学中的详细应用。第二章从动静媒介两大资源入手，向大家详细讲解 GAI 如何服务于图片和视频资源的创作，并配合案例详细讲解操作步骤和策略方法。第三章聚焦多媒体内容资源，从文本内容的生成优化，到作业与课

① 请见本书配套资源。

程材料设计，到最后的 PPT 制作自动化，详细讲解 GAI 支持下的多媒体内容资源的生成和优化。第四章为大家详细介绍 GAI 如何提升图表制作效率与知识可视化，包含数据图表的生成展示、思维导图的设计应用和流程图的规划实施，涵盖现阶段中小学教师在教学中常用的各类图表。在详细的应用环节，第四章还将根据教师对 GAI 的熟悉程度，提供不同难度的方法策略供教师们选择使用。第五章为大家介绍数字人技术在教学中的应用，从数字人技术的概念功能、数字人赋能互动教学原理和教育数字人的创建应用，层层递进展开讲解，让教师了解数字人技术是什么、为什么 GAI 赋能的数字人技术能应用于教学过程中，以及数字人技术在教学中如何应用。第六章向大家讲解另一项高阶技术——智能体在教学中如何应用。从智能体的概念出发，到技术原理与工具，最后到智能体搭建，第六章将一步一步讲解完整的流程和搭建方法，就算是新手教师也能搭建出属于自己的智能体。

亲爱的读者朋友再次感谢你选择本书，在接下来的阅读中，你将会更加详细地了解到本书的具体内容和所传达的思想。希望本书能给你的教学工作带来便利，并给你的教育教学带来新的启发！

本书编委会

目录

第二章

GAI 赋能图片视频创作与视觉化教学 / 27

第一章 GAI 与教学素材革新

在当下科技迅猛发展、社会历经深刻变革的复杂背景下，传统教育体制与既有的人才培育模式正经受着一场极为深刻的整体重塑。与此同时，社会对拥有创新思维的创新型人才以及掌握前沿技术的高科技人才的需求不断增长，社会各方更为紧密地关注可达成全面发展的综合型人才。而这一明显趋势为教育带来了全新且紧迫的要求，有效地促使教育部门坚持不懈地开展大规模的改革，以便能更好地适应时代飞速发展的节奏。在这一过程中，作为教学实践关键且重要支撑的教学素材，其既有的形态和实际的功能同样需紧跟时代脚步，主动果敢地应对新的重大变革。

近年来，发展迅速的 GAI 依托其强劲的内容生成能力和极高的灵活性，为教学素材的革新创造了关键契机，亦为教师精巧的教学设计与学生别具一格的学习体验赋予了全新的可能，而且该技术可根据不同的教学目标与多样的学习需求，迅速生成多元丰富的教学资源，丰富了教学素材的形式与内涵，为课堂增添了新的活力。

本章将详尽梳理当下丰富多元的教学素材的整体发展状况以及诸多关键问题，全面剖析强大的 GAI 是如何为教学素材赋能的，并探究提升教学资源的整体质量的具体施行途径。最后，我们会详尽阐述在先进的 GAI 强力支撑下的六类教学资源。

第一节
教学素材的现状分析与问题剖析

一、教学素材的现状分析

（一）教学素材的类型与发展现状

随着现代教育的不断发展，教学素材的类型在技术的推动下经历了深刻的变革。传统教学素材主要包括课本、教案、书籍和教学挂图等，这些素材在教育实践中发挥了重要作用，但其形式相对单一，内容更新速度较慢，难以满足多样化的教学需求。然而，随着信息技术的飞速发展，教学素材的形式和内容变得丰富多样。数字化教学素材如 PPT、微课视频、在线课程平台等逐渐成为教学实践中的重要组成部分。这些数字化素材不仅突破了时间和空间的限制，还通过多媒体技术的应用极大地丰富了教学形式，增加了课堂的互动性和趣味性。在技术发展的驱动下，教学素材的发展经历了形式与内容的深刻变革。

在形式方面，教学素材的变化尤为显著。从最初的黑板、粉笔、纸张，到如今的电子白板、多媒体设备，教学素材的呈现方式不断更新。例如，多媒体设备集声音、图片、文字等形式于一体，能够通过多种感官刺激提升学生的学习兴趣。此外，随着智慧课堂、STEM、AI 精准教学等新兴教学模式的涌现，教学素材的获取和处理方式也发生了巨大变化。例如，教师可以通过搜索引擎获取图片、音频和视频等素材，并利用屏幕截取软件或扫描仪等工具进行处理。

在内容方面，现代教学素材不再局限于学科知识的传授，更加注重实践技能的培养。多媒体素材的广泛应用使抽象的知识点变得更加生动具体，有助于学生更好地理解和掌握。同时，随着信息技术的发展，教学素材更加关注学生的个性化需求，推动了教育模式的创新和发展。

然而，在丰富的教学素材的表象背后，教学素材的发展仍存在诸多问题。首先，部分教学素材内容更新滞后，无法及时反映最新的科学技术、社会变革和行业需求，与社会发展、学科前沿和学生需求脱节。其次，一些教学资源的制作缺乏系统设计，无法充分支持教师的“教”与学生的“学”的良好互动，导致教学效果大打折扣。此外，教学素材的供给质量参差不齐，部分资源存在低质量重复现象，难以精准适配具体教学场景。这些问题不仅影响了教学效果的提升，也制约了教育创新的进一步发展，亟待通过创新手段加以改进。

（二）数字化转型对教学素材的影响

随着信息技术的迅猛发展和互联网在全球范围内的普及，数字化转型正以前所未有的深度和广度重塑传统教学素材的生产、传输与应用模式。近年来，电子书、开放教育资源（OER）等新型数字化教学素材不断涌现，并在教学实践中展现出高度的灵活性、互动性与可访问性。这些数字化教学素材不仅满足了现代教育对多样化教学手段的迫切需求，而且在在线学习、远程教育以及混合式教学等多种模式下发挥了关键作用，显著提升了教学效率和学习体验。

然而，数字化转型在推动教学素材创新的同时，也暴露出一系列亟待解决的问题。资源分布不均的问题依然严峻，尤其在乡村学校或经济欠发达地区，优质的数字教学资源的获取受到制约。这种数字鸿沟不仅限制了这些地区教育质量的提升，也在一定程度上加剧了城乡、区域之间的教育不平等。

（三）个性化与适应性需求的提出

在当代教育改革不断深入的背景下，个性化与适应性需求逐渐成为教学实践中的核心议题。新时代的教育理念强调尊重学生的个体差异，注重培养每位学生的能力和兴趣。这种理念的转变对教学素材提出了更高要求，即要求教学资源不仅要具备科学性和系统性，更要体现出灵活性、可定制性以及适应性，以便能够满足不同层次、不同背景学生的多样化学习需求。

传统的“一刀切”设计模式在一定程度上忽略了学生在认知水平、学习风格以及兴趣爱好上的差异。面对日益多元化的学生群体，教学素材需要在设计之初就融入差异化教学的理念，以便能够灵活地调整内容和难度，适应不同学生的需求。例如，通过模块化设计，将基础知识、拓展内容和高难度问题有机结合，从而为初学者、中级学习者以及具有挑战需求的学生分别提供适宜的学习路径。

现代数字化技术的发展为个性化教学素材的设计提供了有力支持。利用人工智能、大数据分析等技术，可以实时监控学生的学习轨迹和表现，从而精准定位各个学生的学习优势与薄弱环节。借助这些技术，教学素材能够实现动态调整和智能推荐，使教学过程更加符合“因材施教”的原则。与此同时，虚拟现实（VR）、增强现实（AR）等新兴技术的引入，不仅丰富了教学手段，还创造了沉浸式、互动性强的学习环境，为学生提供了个性化的、多元化的学习体验。

此外，个性化与适应性需求的提出，也促使教育工作者在教学设计时更加注重资源的整合与协同。通过构建跨学科、跨领域的教学资源库，教师可以根据实际教学情境灵活选用或组合不同类型的教学素材，进一步提高教学效率。同时，这种资源整合也有助于缩小区域、城乡间的教育资源差距，实现教育公平和质量的双重提升。

因此，新时代对教学素材的个性化与适应性要求，既是对传统教学模式的一种突破，也是数字化转型与智能技术融合的必然趋势。未来，只有不断优化教学素材的设计理念，充分利用现代技术手段，才能真正满足学生多样化的学习需求，推动教育理念与实践的深层次变革。

二、教学素材的问题剖析

在当前教育实践中，尽管教学素材的种类和形式不断丰富，但仍存在诸多问题，这些问题在一定程度上制约了教学效果的提升和教育模式的创新。目前在教学素材的应用和发展中主要存在以下五大问题：

（一）教学素材形式单一，难以实现教学手段多样化

在当前的教育教学实践中，教学素材的形式较为单一，主要集中在文字和

静态图片上。这类教学素材因其开发难度较低且复用性较高，成为教育教学领域最常用的形式。然而，这种单一的教学素材形式存在明显的局限性。文字和静态图片虽然能够传递基本的信息，但往往缺乏生动的动态呈现和综合性视觉体验，难以满足现代教育对多样化教学手段的需求。例如，在讲解复杂的科学概念或历史事件的演变过程时，仅通过文字和静态图片难以直观呈现，导致学生理解困难。

相比之下，动态视频、虚拟现实（VR）、增强现实（AR）等多媒体技术能够提供更加直观、生动的学习体验，有助于学生更好地理解和掌握知识。这些技术通过视觉、听觉等多种感官刺激，能够增强学生的注意力和学习兴趣，从而提高教学效果。然而，目前这些先进技术在教学素材中的应用仍较为有限。许多学校和教育机构由于缺乏必要的技术支持和资金投入，难以广泛采用这些创新的教学手段。此外，教师在使用这些新技术时也面临一定的挑战，如技术操作不熟练、缺乏相关的培训等。这些问题导致教学手段的多样化进程受到限制。

（二）教学素材内容雷同，难以满足学生差异化需求

教育的核心目标是面向全体学生，关注每一位学生的学习需求和个性发展。每个学生都有自己独特的学习风格、学习进度和知识基础，因此教学素材的内容不能千篇一律，而应关注学生的个体差异，做到因材施教。然而，现有的教学素材大多是按照统一的标准和模式编写、制作的，无法满足学生的个性化需求。这种“一刀切”的模式导致学习能力较强的学生觉得教学内容过于简单，无法充分发挥他们的潜力；而学习能力较弱的学生则可能因为内容难度较大而跟不上教学进度，逐渐失去学习的信心。例如，在数学教学中，一些练习题的难度设置没有充分考虑到学生的个体差异，导致部分学生“吃不饱”，部分学生“吃不了”；又或者是，某些教材在讲解某一知识点时，往往只提供一种固定的解题方法或学习路径，没有引导学生从多个角度思考问题，探索不同的解决方案。这种单一的内容设计不仅限制了学生的思维发展，而且难以激发学生的学习兴趣和自主学习的积极性。

（三）教学素材缺乏互动设计，难以提升学习参与度

在现代教育中，我们应强调学生的主体地位，鼓励学生积极参与学习过程。然而，现有的教学资源多为教师单向呈现，缺乏学生参与和交互设计，难以适应项目式学习和探究式学习的要求。传统的教学素材大多是教师单向传递知识的工具，学生只能被动地接受知识。

（四）教学素材创新不足，无法推动教学模式变革

在教育现代化的进程中，教学素材的创新被视为推动教学模式变革的核心动力。创新性的教学素材不仅能够为学生提供前沿的知识内容，还能激发学生的学习兴趣，培养其创新思维和实践能力。然而，当前的教学素材在创新方面存在诸多不足，这些问题在一定程度上制约了教学模式的变革与发展。

首先，教学素材的更新速度明显滞后于学科的发展。随着科学技术的飞速发展和社会的快速变革，许多学科领域不断涌现出新的理论、技术和方法。然而，现有的教学素材往往无法及时将这些最新的研究成果和行业动态纳入其中，导致教学内容与实际应用之间存在较大的脱节现象。其次，教学素材在创新性设计方面存在明显不足。许多教学资源仍然沿用传统的编写模式和呈现方式，缺乏新颖性和吸引力。再者，教师在开发和创新教学素材方面的能力有待提升。尽管现代教育理念强调教师的主导作用和创造性劳动，但在实际教学中，许多教师仍然依赖现成的教材和教学资源，缺乏自主开发和创新教学素材的意识和能力。教师在教学过程中也往往缺乏时间和精力去深入研究和开发创新性的教学素材，导致教学模式难以突破传统框架，创新性不足。此外，教学素材的创新还面临着资源分配不均衡的问题。经济发达地区和重点学校往往能够获得更多高质量的教学资源和先进的技术支持，而偏远地区和普通学校则在资源获取上存在较大困难。这种资源分配的不均衡现象进一步加剧了教育的区域差距，使得部分地区和学校难以开展创新性的教学活动，限制了教学模式的变革和教育质量的提升。

（五）教学素材支持有限，难以激发学生自主学习能力

培养学生的自主学习能力是现代教育的重要目标之一，它不仅有助于学生在课堂上更好地掌握知识，还能够为学生未来的发展奠定坚实的基础。然而，目前的教学素材在支持学生自主学习方面存在明显不足。

在当前的教学实践中，许多教学素材的设计和应用主要侧重于向学生单向输出知识，这种模式虽然能够帮助学生快速掌握现成的知识内容，但却忽视了对学生自主学习能力的培养和锻炼。具体而言，教学素材往往缺乏对学生学习过程的有效支持，难以引导学生进行深入思考、探索和实践，从而限制了学生自主学习能力的发展。例如，许多教材和教学资源仅提供了有限的练习题和简单的知识总结，缺乏对学生学习方法的指导、学习资源的拓展以及学习过程的反馈机制。这种单一的知识输出模式使得学生在学习过程中往往处于被动接受的状态，难以主动参与到学习活动中，更无法通过教学素材进行进一步的自主学习。

第二节 GAI 赋能教学素材的路径

GAI 代表了一种采用机器学习方法来创造新内容的人工智能技术。通过对大量数据模式和规律的学习，生成文本、图片、音频和视频等多样化的内容。GAI 不仅能显著提升教学素材的生成效率，实现多模态融合，增加沉浸式体验，还能进行个性化推荐与动态调整，增加即时反馈与智能评估，促进迭代优化与资源整合，从而全方位地推动教学素材走向智能化和多元化。

一、高效自动化生成

在 GAI 赋能教育教学路径中，高效的自动化生成是在实际应用场景

中采用最广泛的一种方式。这为教育界带来了翻天覆地的改变，显著地提升了教学素材的生成效率和品质，为教育工作者的教学活动提供了坚实的后盾。

GAI 之所以能够高效地自动生成教学素材，主要是因为其背后的强大技术支撑。其中，自然语言处理（Natural Language Processing，NLP）、图片生成以及多模态生成技术都起到了至关重要的作用。以自然语言处理技术为基础，GAI 有能力准确地解读教师用自然语言传达的各种需求指令。GAI 不仅提供了简明的教学素材需求描述，还详细阐述了教学目标，它能够利用 NLP 技术准确捕捉教师的意图，为后续生成满足要求的教学素材奠定坚实的基础。图片生成技术为 GAI 提供了生成各种图片的能力，可以根据教师的需求生成各种精美的图片和图表，满足不同学科教学中对可视化素材的需求。

在具体的教学活动中，教师只需通过适当的提示，向 GAI 明确表达他们对教学素材的需求，GAI 就能迅速且高效地生产教师所需的各种教学素材。这个流程不仅减少了制作教学素材所需的时间，也提升了教学素材的品质，从而减轻了教师的工作压力。从实际应用视角出发，高效的自动化生成主要包括文本自动生成、图片与图表生成，以及视频与音频生成等几个关键领域。

（一）文本自动生成

在 GAI 为教育教学赋能的多种应用场景中，文本自动生成尤为重要。借助 GAI，教师可以使用文本自动生成的教学素材，这为教育领域的创新和进步注入了巨大的活力，并成为推进教育现代化的核心动力。

文本自动生成技术是建立在自然语言处理、深度学习和多模态融合等尖端技术之上的。自然语言处理技术为 GAI 提供了理解人类语言的能力，使其能够精确地把握教师输入的指令意图，无论是简单的要求描述，还是复杂的教学目标描述，都能准确理解。深度学习技术使得模型能够在众多的文本数据中进行学习和训练，持续优化其算法和参数，从而具有生产高质量文本的能力。多模态融合技术则提供了整合多种数据类型（例如文本、图片、音频等）的能力，从而为生成的内容提供了更为丰富的信息支持，使得生成的文本更能满足实际的教学需求。得益于这些技术的共同应用，GAI 能够以高效和灵活的方式满足教师对于教学素材的个性化和多元化需求。

在教学实践中，文本自动生成技术展示了其强大的功能性和广泛的适用性。对教师来说，该工具能迅速地生成课堂教学所需的各种文本资源。例如，在编写教案的过程中，GAI 能够根据教师所设定的教学目标、教学的重点和难点，以及所采用的教学方法，自动生成详尽且具有针对性的教案。这些教案覆盖了教学过程的各个环节，包括但不限于导入、传授、练习和总结，从而极大地减少了教师备课的时间。在生成讲稿的过程中，该方法能够融合教学内容与教学风格，生成逻辑清晰、内容生动有趣的讲稿，这有助于教师有效地组织教学语言，突出教学的核心内容，吸引学生的关注。除此之外，文本自动生成技术还能为教师生成高品质的课件文本和 PPT 教学大纲，从而使得课件内容更为简练、逻辑更加流畅，进一步提高教学质量。

在支持学生学习的过程中，文本自动生成技术起到了至关重要的作用。该工具能够依据教学大纲和各个知识点，为学生设计个性化的学习方案，从而引导他们进行自主学习，并进一步培养他们的学习和思维能力。在生成试题和试卷的过程中，可以根据教师设定的难度、题型和知识点分布要求，自动生成高质量的试题和试卷，以满足不同阶段、不同层次学生的学习检测需求。

值得强调的一点是，文本自动生成技术并不是简单地采用模板来创造千篇一律的文本内容。该技术能够支持多种风格和多种语言的文本创建与优化。教师有能力根据各个学科的独特性质和教学环境的具体需求，挑选出适宜的文本表达方式，例如严肃的学术表达和生动活泼的表达方式等。此外，文本自动生成技术还能创造出适用于多种语言的教学素材，以满足国际教育和多元文化教育的多样需求。

（二）图片与图表生成

在众多利用 GAI 实现高效自动化生成的应用场景中，GAI 能迅速处理大量数据和复杂模型，进而在极短的时间内生成符合教学需求的图片与图表。例如，自动生成生物解剖图，并通过细致的描述和清晰的标记，将生物体内部的复杂结构直观地展示给学生，从而帮助学生更深入地理解知识。或者生成地理地图，包含山脉、河流、城市等多种地理元素，从而使学生能更直观地掌握地理环境的分布模式和特性。又或者根据历史资料和描述，创造出栩栩如生的历史场景图，重现历史事件和人物的风采，使学生仿佛置身于历史的长河中，从而加强对历史知识的理解和记忆。

在图表生成方面，GAI 能够支持各种数据的可视化呈现，如条形图、折线图和流程图等。条形图能够清楚地展示不同数据之间的数量对比关系，这有助于学生更直观地分析数据的差异；折线图展示数据如何随着时间或其他因素的变化而变化，这有助于学生洞察数据的动态趋势；流程图为学生提供一种简明扼要的方式来呈现事物的运作流程和逻辑联系，帮助学生整理复杂的知识结构和工作流程。教师可以利用 GAI 生成的图表，将抽象的知识转变为直观的视觉信息，从而使学生更容易理解和掌握。

（三）视频与音频生成

视频与音频生成是高效自动化生成技术的第三大应用领域。在当代的教育里，视频和音频因其独有的优点，已经变成了教育活动中不可或缺的关键工具。它们以其直观、有趣和多感官的体验为特色，能显著地增强教学效果。一方面，视频和音频可以生动地展示知识，激起学生的学习热情，并鼓励他们积极地参与学习活动；另一方面，视频和音频能够满足学生的各种学习要求，为他们的个性化学习方式提供强大的后盾。尤其在数字教育和远程教学逐渐普及的背景下，视频和音频成为不可或缺的教学素材。

但是，在实际的教学活动中，制作视频和音频已经变成了教师在制作教学素材时的主要挑战。众多的教师在这个领域遭遇了难题。首先，由于缺少专门的制作工具，他们很难获得或操作功能强大的视频和音频制作软件，这大大限制了他们在素材创作上的选择。其次，由于教师缺乏系统性的培训，对视频和音频制作的基本步骤、技能和后期处理方法不够熟悉，导致视频和音频质量的不均衡，从而无法最大限度地发挥其在教学过程中的潜在优势，进一步影响了教学成果。

GAI 的诞生，为教育工作者提供了一条解决当前困境的高效路径。GAI 在视频与音频生成领域有着极为广泛的应用。例如，自动生成微课视频，帮助教师以简明、生动、有趣的方式展示知识点，从而节省了大量的时间和精力。GAI 在实验演示视频的制作中起到了不可或缺的作用。它通过模拟多种实验环境，为学生提供了直观且精确的实验展示，有效地弥补了部分学校由于实验环境限制而无法进行某些实验的缺陷。GAI 还具备语音解说的功能，能够根据教学主题生成对应的语音解说，从而让学生更清楚地掌握各个知识点。除此之外，GAI 还具备多语言配音和动态字幕的功能，提升了用户体验。

二、多模态融合与沉浸式体验

在当代教育和教学持续进步的背景下，多模态融合和沉浸式体验正在逐渐展现其重要性。多模态融合是一种将多种不同类型的媒介资源整合在一起的方法，它能够突破单一教学模式的局限，将知识以更加丰富和立体的方式展现出来，从而满足不同学生、不同学习风格和需求。沉浸式体验能够使学生全身心地沉浸在学习的环境中，从而增强他们的学习积极性和参与感，让他们更加专注于知识的吸收和理解，有效提升学习的效果。这种结合了多种教学媒介的沉浸式学习方法，不仅可以激发学生的学习热情，培养他们的创新思维和实践技能，还可以加深其对知识的理解和长期记忆，为学生的全面发展奠定坚实的基础。

GAI 在多模态融合和沉浸式体验方面展示了巨大的潜能和广阔的应用前景。GAI 凭借其卓越的算法和处理性能，能够有效地融合文本、图片、视频和音频等多种教学素材，从而为教育过程提供了更为丰富、有趣的学习素材。此外，GAI 还能为学生创造出逼真的虚拟环境和交互式学习氛围，使他们在沉浸式体验中探索并掌握知识，从而为教育教学带来新的变革。

（一）跨媒介内容融合

GAI 具备对文本、图片、视频和音频等多样化素材进行深度融合的能力，能够为教师和学生提供全面和高品质的教学素材。在制定教学内容的过程中，GAI 已经不仅仅是一个简单的展示方式，而是融合了多种不同媒体的手段。例如，在制定语文教学素材的过程中，GAI 能够为一篇古代诗歌提供深入的文本解读，从而助力学生更好地理解诗歌的深意和意境；通过搭配精致的视觉图片，GAI 能够将诗词中描述的各种场景以直观的方式呈现，从而提升学生的视觉体验；此外，还可以搭配悠扬的古典音乐和专业的朗诵音频，营造出浓郁的文化气氛，使学生在听觉上也能享受“美”。除此之外，GAI 还具备创造交互式教学素材的能力，例如配备语音解说和插图。

（二）虚拟现实（VR）与增强现实（AR）教学

GAI 在虚拟现实（VR）和增强现实（AR）的教学应用中，为学生提供了一种新的学习环境。利用 GAI 构建的虚拟实验室，学生能够完成各种实验任务，而不受时间、地点或实验设备的束缚。在物理学领域，学生有机会使用 VR 设备模拟各种物理实验，例如牛顿的力学实验和电磁学实验等。通过这种沉浸式的实验方法，学生可以亲身体验实验的各个环节，直观地观察实验中的各种现象，并据此得出实验的结论，这有助于他们更深入地理解物理的基本原理和所采用的实验技术。在生物学领域，学生有机会通过模拟实验室观察细胞的构造和功能并进行多种虚拟的解剖实验，从而增强他们的实际操作技巧。在历史的教学过程中，利用 AR 技术，GAI 能够重现历史场景，使学生仿佛跨越时间和空间，真实地体验历史事件的发展。

三、个性化推荐与动态调整

在教育教学的不断革新与进步中，每位学生都是独特的个体，他们有各自的学习方式、知识体系和学习的需求。传统的教育方法常常使用“一刀切”的策略，很难满足学生个性化的成长需求。GAI 因其在学习数据分析和个性化建模方面的强大能力，在个性化推荐和动态调整方面起到了至关重要的作用。这为实现因材施教和满足学生多样化学习需求提供了一种全新的解决方案。

（一）个性化推荐

GAI 有能力从多个角度和维度对学生的学习路径进行全面记录与分析。该系统会搜集学生在课堂中的各种表现数据，包括他们参与讨论的活跃程度和回答问题的准确性等方面的信息；也会密切关注学生在课后的作业和在线学习平台上的各种行为，例如他们浏览的知识点、完成练习题的时间和准确性，以及他们观看教学视频的时间长度等。通过深度分析这些详尽的学习路径数据，GAI 可以准确地衡量学生的学习能力，并能识别学生对不同学科和知识点的掌握程度以及存在的薄弱点。

基于对学生学习能力的精确评估，GAI 可以为学生提供与他们当前学习阶段相匹配的学习资源。例如，对于那些英语基础不够扎实、词汇储备不足的学生，GAI 会优先为他们推荐一系列的基础词汇记忆课程、简单的英语对话练习材料和吸引人的英语动画短片，以协助学生从基础阶段开始逐渐提高英语水平；对于那些英语能力较为出色且渴望进一步增强阅读与写作技巧的学生，GAI 将为他们推荐英文原著、学术研究论文和高品质的英文文学作品，以满足他们的进阶学习要求。

另外，GAI 也高度重视激发学生的学习热情。依据学生的个人兴趣和学习偏好，提供一系列丰富的拓展阅读和探索性资源。如果学生对科学探索这一领域产生了浓厚的兴趣，则会向他们推荐各种科普期刊、前沿的科学研究报告和科学家的生平传记等，以帮助学生更深入地理解科学的深奥之处，并激发他们的探索欲望和创新思维；对于那些热衷于文学创作的学生，则为他们推荐经典的文学作品、提供创意写作的课程，并分享知名作家的创作心得，旨在帮助学生扩展他们的文学视角并提高其文学素养。

（二）动态调整与学习路径设计

在学生的学习过程中，GAI 能够实时收集、分析学生的反馈信息。学生在课堂上提出的问题和回答问题的方式，以及他们完成作业和测试后的答题表现，都可以为我们提供反馈信息。通过实时分析这些反馈信息，GAI 可以了解学生在知识掌握和学习过程中所遇到的难题。

当观察到学生对某个知识点的理解存在困难或经常犯错误时，GAI 能够自动降低相关教学内容的难度和深度，并且为学生提供更丰富的基础知识讲解、简单的示例以及有针对性的习题，帮助他们巩固已有的知识并解决学习的难题。与此相对，如果学生能够对某个知识点有深入的理解，并能毫不费力地完成相关学习任务，那么 GAI 会适时地增加教学素材的难度，推出更具挑战性的内容，从而激发学生的学习潜能，推动他们持续进步。

GAI 不仅可以动态地调整教学的难易程度，还能为学生提供个性化的学习路径设计。依据每位学生的学习习惯、学习目标以及他们目前的学习进度，精心设计出一套个性化的学习方案。这份学习方案将为每个学习阶段设定明确的目标、内容和方法，并指导学生有序、系统地进行学习。例如，对于那些希望在数学比赛中获得卓越表现的学生，GAI 会提供一套详尽的学习方案，如巩固基本概念、进行有针对性的训练、最终模拟竞赛等，旨在帮助学生更有效地增强数学竞赛技巧，突破学习障碍，以达到既定的学习目标。

四、即时反馈与智能评估

在进行教育教学活动时，能够及时、准确地掌握学生的学习状态，并据此来调整教学方法，是提高教学品质和促进学生全面发展的核心步骤。GAI 所构建的实时反馈和智能评估系统，为教师和学生提供了一个高效且精确的信息反馈路径。

（一）自适应测试与自动批改

传统的评估方法常常依赖固定的试题，这导致很难全方位和精确地展现每位学生的实际学习状况。GAI 所实施的自适应测试成功地突破了原有的限制。在测试阶段，GAI 会依据学生的答题表现，实时地生成动态的测试题。当学生正确回答某一问题时，GAI 将评估该学生对相关知识点或难度级别的掌握程度，然后自动推荐一些难度较高的题目，以进一步检验学生的学习能力和知识掌握程度；相反，如果学生答错了问题，则会认为学生在这个知识点上存在缺陷，然后给出一些难度较低、更基础的问题，以帮助学生巩固相关知识。这一动态调整的测试方法能够准确地评估每名学生的学习能力，避免了“一刀切”测试可能导致的误差，从而使得测试结果更具参考意义。

另外，GAI 的自动批改机制也显著地提升了教学的效率。对于如选择题、填空题这样的客观问题，可以迅速且准确地进行批改，并在学生完成测试之后迅速反馈学习成果。除此之外，GAI 还能为每个问题提供深入的解答，帮助学生明白自己犯错的根源，并确立正确的答题策略。以数学考试为背景，当学生完成考试后，系统会迅速展示每个问题的答案，并对其中的错误进行详尽分析。系统会指明学生在解题时可能会遇到的概念误解、计算错误等问题，帮助学生及时识别问题，并进行有针对性的纠正。

（二）学习报告与教学数据分析

GAI 可以产生定制化的学习报告，为学生提供全方位且深入的学习反馈。学习报告不只涵盖了学生的考试表现、完成作业的情况等核心数据，还深入探讨了学生的学习过程，并识别了他们的长处和短板。通过分析学生的答题数据，GAI 能够识别出学生在哪些关键知识点上有深入的理解和扎实的掌握，以及哪些知识点可能还存在不明确或容易被混淆的情况。例如，在语文学习报告里，GAI 可能会强调学生在阅读理解上的卓越表现，如能够准确地理解文章的核心思想和作者的意图，但在写作过程中，对词汇的使用可能不够丰富，逻辑结构不够明确。为了解决这些问题，学习报告将提供详细的改进方案，以协助学生构建个性化的学习提升方案。

对教师来说，GAI 所提供的教学数据分析成为优化教学策略的核心参考。GAI 收集和整理班级内所有学生的学习资料，并对学生对不同知识点的掌握程度、不同学生群体间的学习差异，以及他们的学习进度进行深入分析。当教师仔细研究对这些数据的分析结果时，他们能够清楚地识别出教学过程中可能出现的问题，例如对某些知识点的解释不够深入，可能会导致学生对知识的掌握不够深入；又或者学生在学业上遇到了难题，他们需要得到更多的关心与支持。依据这些数据，教师可以调整他们的教学方法，优化教学内容和方式，从而达到精确教学的目的。当面对学生普遍难以掌握的知识点时，教师可以重新构思教学计划，并运用更生动、形象的教学手法进行详细讲解；对于那些在学习上遇到困难的学生，教师也可以为他们设计独特的辅导方案。

五、迭代优化与资源整合

随着教育教学的不断进步，教学素材也需要持续地进行更新和完善，以满足教育观念的演变、知识的迅速刷新，以及学生多元化的学习需求。GAI 因其出色的分析和处理能力，为教学素材的迭代优化和资源整合提供了高效且精确的支持。

（一）教学素材的迭代优化

随着时代进步和学科知识的持续更新，教学素材也需要不断更新和适应时代。GAI 能够实时跟踪学科领域的最新研究进展、教育政策的演变，以及社会热点事件的最新动态，将这些最新的信息添加到现有的教学资源中。举例来说，在科学课程的教学中，当出现新的科学发现或技术进步时，GAI 能够迅速地搜集相关信息，并对现有的教学素材进行更新和增补。在教学素材中融入新的实例、实验数据以及研究发现，确保教学内容紧跟前沿。此外，GAI 还可以根据教师和学生的反馈，对教学素材的内容和形式进行调整和完善。

（二）资源整合

在这个数字化的时代，教学素材的来源变得越来越丰富，涵盖了网络课程、学术研究论文，以及教育平台上的高质量资源等。但是，这些资源常常散布在各种不同的平台中，这为教师的资源收集和应用带来了挑战。GAI 能够整合来自多个来源的教学资源，筛选、分类和整理来自各种渠道的高质量资源，从而构建一个全方位和系统性的教学素材资源库。在这个资源库里，教师能够迅速地定位到他们所需要的教学素材，从而提升获取这些教学素材的效率。除此之外，GAI 还具备对整合后资源进行创新性组合和深度处理的能力，能够依据多样的教学目标和不同的教学环境，将各种不同类型的资源进行有效整合，从而创造出全新的教学素材。

第三节 GAI 赋能六类教学资源

在当前全球数字化教育的热潮中，教育领域正在经历一次深刻的变革，这是一个关键的阶段。从《中国教育现代化 2035》绘制的教育发展蓝图，到全球范围内对教育数字化转型的持续研究和实践，如何通过教学素材的创新和教学资源的优化配置，进一步提高教学质量和促进学生的全面成长，已经成为教育从业者、研究人员和政策制定者共同关注的核心议题。GAI 作为目前极具发展前景的尖端技术，凭借其卓越的技术实力和创新潜力，为教育资源的创新和发展注入了新的活力，其在教育和教学领域的作用日益凸显。该方法成功地将技术和教育需求进行了深度整合，创造了多种高效的赋能途径，这不仅极大地丰富了教学素材的种类，还显著提升了教学效果，为推动教育现代化的进程提供了坚实的支持。

一、精准勾勒：GAI 助力教学图片的高效创作

（一）教学图片有助于抽象知识具象化

在教学活动中，知识呈现的方式对于学生的理解和吸收起着极其重要的作用。面对众多的抽象观念、复杂的理论和不易被直接感知的事物，文字的描述常常显得不够有力和生动。教学图片作为一种直观的视觉工具，可以将抽象的知识转化为具体、生动的图片，帮助学生在心中构建清晰的认知图景。例如，

在地理学的教学过程中，通过展示如地图和示意图这样的教学图片，学生可以更加直观地了解不同地区的气候和地理差异，从而简化学习过程。在生物学的领域里，通过使用精细的细胞结构图和进化树等图片，学生可以更加深入地探索微观世界和生命的深奥之处。教学用的图片帮助学生将抽象难懂的知识转化为直观的视觉符号，降低认知门槛，激发学习兴趣，让知识的传递突破文字的局限，在学生脑海中构建起具象化的认知框架，最终实现从“知其然”到“知其所以然”的深度学习跨越。

（二）GAI 助力教学图片创作更高效

传统获取教学图片的方法，例如由教师手工绘制或通过网络进行搜索和下载，都有局限性。想要手工画出高质量的图片，教师不仅要掌握一定的绘画技巧，还要投入大量的时间和精力，而且所绘制的图片质量也会有很大的波动。尽管通过网络搜索得到的图片种类繁多，但这些图片常常不能完全满足教学的实际需求，并且可能涉及版权争议。GAI 的诞生，为教学图片创作带来了翻天覆地的变化。GAI 是基于深度学习算法构建的，它可以通过学习和分析大量的图片数据理解教师给出的简明指令，并迅速生成满足教学需求的高品质教学图片。如图 1-1 所示，教师只需输入“小狗在草地上奔跑”，GAI 就能在短时间内创作出示意图。

图 1-1　用“即梦 AI”生成的小狗在草地上奔跑的示意图

（三）GAI 增强教学图片品质

GAI 在教学图片创作方面能够起到关键作用，这主要是因为它有效地弥补了传统教学图片获取方法的不足。一方面，GAI 有效地解决了获取教学图片效率不高的问题。在传统的教学方法中，教师可能需要花费好几个小时甚至几天的时间来寻找或绘制一张合适的教学图片。然而，GAI 能够在几分钟甚至几秒钟内完成任务，使他们能够将更多的时间投入教学设计和实施。另一方面，GAI 确实增强了教学图片的品质与准确性。该工具可以根据教师的特定需求生成图片，确保图片内容与教学内容紧密相连，从而避免了在网络搜索图片时可能出现的内容不一致或质量不高的问题。

二、灵动演绎：GAI 推动教学视频的智能生成

（一）教学视频有助于打造多感官的教学体验

伴随着技术的持续进步，教学视频在教育领域的使用变得日益普及。教学视频融合了动态图像、生动的音效和多彩的色调等多重元素，旨在同时激活学生的视觉和听觉等感官，为他们提供更为丰富和立体的学习体验。相较于传统的静态教学资源，教学视频能更生动地呈现复杂的实验流程、抽象的理论和实际的场景，从而使学生更容易理解和掌握知识。例如，在物理实验的教学过程中，教学视频能够清楚地展示实验的各个步骤、实验现象的变化过程和实验结果，加深学生对实验原理的理解。在进行语文教学时，播放经典文学作品的影视片段和名家朗诵等教学视频可以帮助学生更好地感受文学作品的魅力，从而提升学生的阅读理解能力和审美能力。

（二）GAI 更新教学视频制作新范式

传统教学视频的制作流程相当复杂，这就要求教师必须拥有高级的摄影设备、精湛的摄影技术以及后期编辑能力，这对绝大多数教师而言无疑是一项艰巨的任务。尽管教师可能掌握了这些技巧，但要制作出高品质的教学视频仍然

需要投入大量的时间和精力。GAI 的诞生，为教学视频制作带来了翻天覆地的变化，为教学视频制作带来了新的模式。教师只需输入教学视频的核心内容、大纲和期望的风格等关键信息，GAI 就可以利用其强大的算法模型，自动生成包含适当的视频素材、流畅的剪辑效果的教学视频。GAI 可以根据教学目的和学生的学习特性，智能地调整视频的时长、节奏、互动元素等，使教学视频更符合教学需求。

（三）GAI 降低了视频制作的技术门槛

GAI 在教学视频制作这一领域的运用，为我们突破传统视频制作技术的限制提供了新的机会。传统的视频制作技术对教师的专业技能有很高的要求，很多教师因为缺乏相关的技术知识和经验，无法制作出高质量的教学视频，这在一定程度上限制了教学视频在教学中的广泛应用。随着 GAI 的诞生，制作教学视频的技术难度大大降低，这意味着教师不必精通专业的摄影和剪辑方法，也可以轻松地制作出高品质的教学视频。另外，GAI 也能有效地解决传统视频制作过程中素材获取困难和剪辑效率低下的问题。GAI 能够借助网络爬虫等先进技术收集丰富的视频内容，并通过智能剪辑算法迅速完成视频的编辑和合成任务，从而极大地提升了教学视频制作的效率。随着 GAI 的持续进步与完善，未来教学视频制作将更趋智能化、个性化，让教学资源的供给从“标准化生产”迈向“精准化定制”，进一步促进教育公平与高效学习。

三、智绘课件：GAI 实现 PPT 的自动化制作

（一）PPT 有序呈现课堂内容

在日常的课堂教学活动中，PPT 成为教师在展示教学材料和组织教学过程中的关键工具。一份设计精良的 PPT 能够以清楚、有组织的方式向学生展示教学内容，从而帮助学生更深入地理解和掌握知识。PPT 可以通过图文结合、动态和静态相结合的方式，强调教学的重点和难点，吸引学生的注意力，从而

提升课堂教学的效果。例如，在数学的教学过程中，教师可以利用 PPT 展示数学公式的推导和几何图形的变换等，这样可以使抽象的数学知识变得更加直观和容易理解；在英语的教学过程中，教师可以使用 PPT 展示英语单词的发音、使用方法和示例句子，从而帮助学生更有效地学习英语。PPT 犹如贴心的助理，帮助教师有条不紊地向学生展示课堂上的知识。

（二）GAI 实现了课件制作自动化

要制作出一份高品质的 PPT，教师需要投入大量的时间和精力，包括但不限于资料的收集、内容的整理、设计与排版，以及素材的选择。另外，由于教师们在设计能力和审美观点上有所不同，因此他们制作的课件质量也会不均衡。GAI 的诞生，为 PPT 的生产带来了创新性的变化。GAI 可以根据教师提供的教学大纲、知识点和教学目标，自动创建 PPT 的内容框架，并从大量的素材库中选择适当的图片、图表、动画等素材进行智能匹配，完成初步的排版设计。教师只需对新生成的教学课件进行基本的修改和调整，便可以迅速获取一份高品质的教学课件。GAI 提供了多种模板，以适应不同的教学环境和风格，供教师挑选，让教师既能快速获得规范美观的课件框架，又能进行灵活调整保留教学特色，最终实现从“烦琐制作”到“高效创作”的质变，让高品质课件成为提升教学效果的有力助手。

（三）GAI 确保课件制作的质量

GAI 赋能 PPT 制作的核心目的是减轻教师在课件制作过程中的时间压力。在常规的教学活动中，教师需要投入大量的时间和精力准备教学课件，这不仅影响了教师的休息时间，还可能妨碍教师对教学内容的深度研究和教学设计的优化。GAI 的自动制作特性，为教师提供了迅速制作高品质课件的能力，从而减少了制作课件所需的时长。教师有机会将节省下来的宝贵时间投入教学研究和与学生的互动交流等更具价值的任务中，从而提升教学的整体质量。另外，GAI 设计的课件展现出了高度的标准化和专业性，这不仅确保了课件的高质量和高水平，还避免了由于教师能力的差异而导致的课件质量不均衡的问题。

正因为 GAI 的存在，减轻了教师在制作课件时的时间压力，让教学回归育人本质 。教师得以将更多精力投向学情分析、教学设计创新与学生个性化指导，推动课堂从“课件驱动”向“深度教学驱动”转型，最终实现教学效率与质量的双重提升。

四、直观呈现：GAI 赋能图表与知识可视化

（一）图表与知识可视化可以直观展示数据

在教学活动中，对数据进行分析、展示以及对知识进行整理和展示是至关重要的步骤。图表作为一种直观的数据展示工具，可以将复杂的数据转化为简洁明了的图形和表格，从而帮助学生更好地理解数据之间的关系和变化趋势。举例来说，柱状图能够清楚地展示数据的大小差异，折线图能够直观地呈现数据的变化方向，而饼图则能够形象地展示各部分数据在整体数据中的占比情况。知识可视化是一种将复杂的知识结构通过图形、图表和思维导图等多种方式展示出来的方法，这有助于学生整理知识的结构，并深入理解知识间的深层联系。例如，思维导图能够以分层的方式呈现一个与主题相关的知识点，这样学生可以轻松地理解知识的总体结构。图表和知识的可视化犹如一面反射镜，能够将各种数据和知识以直观的方式呈现。

（二）GAI 实现图表与知识可视化的智能产出

传统的图表制作和知识可视化任务要求教师具有相应的专业知识和技能。GAI 的诞生，为图表制作和知识可视化注入了新的生机。GAI 能够依据教师提供的信息和需求，自动挑选适宜的图表种类，并对这些图表进行适当美化和标记，使其更加清晰和美观。GAI 也可以依据教师给出的知识点，制作出详尽的思维导图和流程图，从而助力学生深入理解和掌握所学知识。举例来说，在教学过程中，当教师把实验数据输入 GAI 模型后，GAI 能够迅速地产生对应的图表，并呈现实验结果的变动模式；在进行数学教学时，教师可以利用 GAI 生成想要的图表进行辅助教学，如图 1-2 所示，教师可以不用自行绘制，

直接利用 GAI 平台（比如 Kimi）生成不同几何图形的数量分布图。

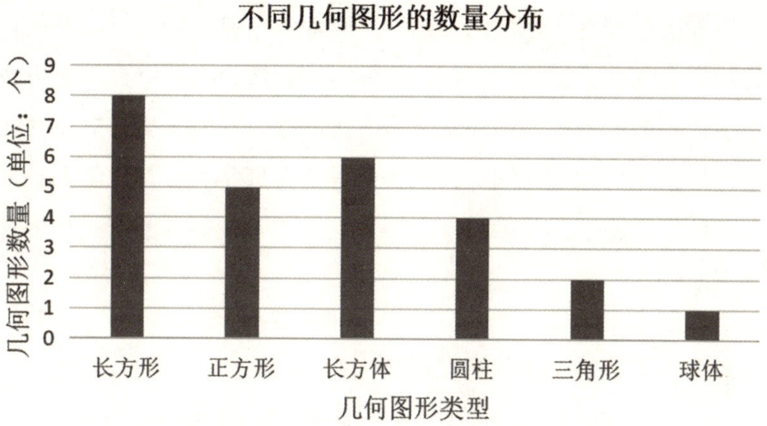

图 1-2　用 Kimi 绘制的不同几何图形的数量分布图

（三）GAI 实现了图表和知识可视化的定制

GAI 赋予图表制作和知识可视化功能的关键在于解决传统知识展示中存在的复杂和晦涩问题。传统的知识展示主要依赖文字描述，这使得学生在面对复杂的知识和数据时感到相当困惑。通过图表和知识可视化，我们可以将抽象的概念和数据转换为形象的图像，这有助于学生更轻松地理解和吸收知识。但是，传统的图表创建和知识可视化手段在操作上过于复杂且效果并不理想。GAI 的诞生为这些难题提供了解决方案，它可以迅速且精确地制作出高品质的图表和知识可视化作品。GAI 还可以根据学生的学习特性和需求，对图表和知识可视化作品进行个性化定制，从而提升学生的学习兴趣和学习效果。

五、虚拟引航：GAI 促进数字人的创建与教学应用

（一）数字人丰富了教育参与角色

伴随着人工智能科技的持续进步，数字人开始逐步渗透到教育行业中，逐渐成为教育交互环境中的一个新兴参与者。数字人是通过人工智能技术构建

的，它代表了人类的形象和行为模式。在教育过程中，数字人能够扮演如教师、学生同伴、辅导员等多重角色，并与学生进行深入的互动与交流。数字人有能力根据学生提出的问题和他们的反馈，实时地生成答案和指导，从而为学生提供个性化的学习支持。例如，在线学习环境中，数字人能够充当虚拟教师的角色，为学生详细解释各个知识点并解答各种问题；在教室里，数字人能够作为学生的学习搭档，与他们共同探讨各种问题并完成学习目标。随着数字人的涌现，教育和教学领域获得了前所未有的交互体验，使得教学方式和内容变得更为丰富多彩。

（二）GAI 开启数字人教育实践应用的大门

在生成和应用数字人的过程中，GAI 起到了不可或缺的作用。GAI 可以通过学习和分析大量的人类数据，创造出具有逼真外观、自然语言表达和丰富情感的数字人形象。GAI 也为数字人提供了强大的智能互动功能，让他们能够深入理解学生的语言和行为模式，并根据不同的场景产生适当的反馈。例如，GAI 能够根据教师的声音和形象特点，创造一个与教师高度相似的数字人。这个数字人不仅可以模仿教师的教学方法和语言习惯，还可以与学生进行自然流畅的互动交流。GAI 为数字人在教育领域的应用打开了新的大门，实现了数字人在教育实践中的应用。

（三）GAI 满足教育个性化互动的新需求

在当前的教育背景之下，学生对个性化的学习方法的需求正逐渐增强。传统的教育方法常常不能满足每位学生的独特需求，但数字人技术的涌现为我们提供了一个新的解决方案。GAI 赋予了数字人教学的功能。数字人能够根据每位学生的学习状况、个人兴趣和独特的学习方式，为他们提供量身定制的学习建议和指导，真正做到因材施教的教学方式。数字人可以在任何时间和地点与学生互动，解答他们的疑惑，并为他们提供即时的学习帮助。在疫情暴发时，数字人技术在在线教育领域起到了重要的作用，有效地弥补了教师和学生面对面交流的局限性，为他们带来了更为方便和高效的学习环境。正因为 GAI 可以满足教育中个性化交互的新需求，它让教育从“千人一面”的标准化模式迈向“一人一策”的精准化服务。

六、智慧相伴：GAI 驱动智能体的设计与个性化教学

（一）智能体体现个性化学习陪伴

智能体是一个拥有独立学习、逻辑推断和决策功能的智能系统，它可以在学习过程中与学生互动，并根据学生的具体学习状况和需求，提供定制化的学习建议和方向。智能体可以作为学生的亲密同伴，伴随他们经历学习的每一个阶段，协助他们克服学习过程中的难题，从而增强学习的成果。例如，在英语的学习过程中，智能体能够根据学生的英语能力和学习目标，为他们设计个性化的学习方案，并为他们推荐合适的学习资源，例如英语单词背诵工具和英语听力训练材料等；在数学的学习过程中，智能体有能力根据学生的错误识别他们的知识短板，并为他们提供有针对性的习题和详细的讲解视频。智能体的诞生为学生个性化的学习方式带来了强大后盾。

（二）GAI 构建智能体的技术基石

GAI 构成了智能体建设的关键技术基础。GAI 通过深入学习和分析大量的学习数据，能够构建学生的学习模型，从而更好地了解学生的学习习惯、学习风格和知识掌握状况。利用建模方法，GAI 能够为每位学生提供量身定制的学习策略和计划。GAI 也赋予了智能体处理自然语言的能力，使其能够与学生进行流畅的对话和交流，深入理解学生的问题和需求，并提供准确的答案。例如，GAI 能够依据学生在线学习平台上的学习记录分析学生的学习行为和兴趣点，从而为智能体提供个性化的教学建议。GAI 与智能体的大脑相似，为智能体提供了强大的智慧和个性化的服务功能。

（三）GAI 驱动智能体设计和应用

随着教育观念的持续演变，个性化的教学方法已逐渐成为教育进步的时代

需求。每一位学生都是一个独特的个体，拥有各自独特的学习属性和需求。传统的教学模式常常依赖统一的教学内容和方法，这很难满足每一位学生的个性化学习需求。GAI 驱动的智能体设计和应用，满足个性化教学的时代需求。智能体可以根据每位学生的独特需求，为他们提供学习辅导，确保因材施教的原则得以实施。该工具有助于学生识别自身的长处和短板，从而设定合适的学习目标和方案，以提升学习的效率和品质。GAI 与智能体的融合为实现个性化教学提供了坚实的技术基础，并进一步推动了教育教学领域的创新和发展。

第四节 总结

通过本章节的介绍，我们了解到目前教学素材无法充分满足现阶段的教学需求，面临着诸多急需解决的问题。然而近年来，GAI 的出现和发展给教学素材所面临的困境带来了新的解决思路。在实际的教学过程中，GAI 通过赋能图片、视频、PPT、图表、数字人和智能体这六类教学资源，从多个角度丰富了教学素材的种类，提高了教学效果，为教育教学带来了巨大的变革。

为了让广大一线教师感受到 GAI 赋能教学素材的独特优势，以及让教师们学会在教学中应用 GAI，在接下来的章节里，我们将深入介绍 GAI 在这六种不同类型的教学资源中的实际应用场景，详细介绍教师是如何运用 GAI 赋能这些资源的。

第二章 GAI赋能图片视频创作与视觉化教学

在数字化教育的浪潮中，视觉化教学资源如同一座宝藏，正等待着教育工作者去挖掘。无论是静态的图片还是动态的视频，它们都能以直观、生动的方式传递知识，激发学生的学习兴趣。然而，传统的图片和视频制作往往耗时耗力，教师需要掌握复杂的软件技能并投入大量的时间。GAI 如同一位神奇的魔法师，为这一难题带来了全新的解决方案。通过自然语言处理、计算机视觉与深度学习等技术的融合，GAI 能够理解教师的意图，将抽象的教学需求转化为直观的视觉资源。无论是地理课上的地貌插图，还是化学实验的动态演示，GAI 都能在几分钟内生成。本章将深入探讨 GAI 如何在图片与视频创作中赋能教学，并通过具体案例展示其实际应用。

第一节 高效生成教学图片

在数字化教育进程中，GAI 凭借强大的图像生成能力，革新了教学图片的创作模式。教师仅需输入文字描述，GAI 便能快速输出契合教学需求的图片，极大提升了教学资源开发效率，让地理课上的山川地貌、生物课中的细胞结构等知识，都能以清晰直观的图像呈现。然而，这一技术在实际应用中仍存在诸多挑战，这些问题不仅影响 GAI 生成教学图片的质量，还影响教师的使用体验。接下来，我们将深入剖析 GAI 图片生成所致力于解决的问题，以及目前存在的短板。探讨其中的底层逻辑，并介绍 GAI 的图片生成方法以及常见陷阱与应对措施。

一、GAI 图片生成需解决的问题及其短板

在教学领域，GAI 生成教学图片能切实解决诸多棘手问题。一方面，一线教师备课时间紧、任务重。GAI 生成图片可快速产出历史、物理等各类学科教学所需图片，免去大量素材搜集、整理的时间，极大提升备课效率。另一方面，在特殊教学场景，如讲解微观细胞结构、宏观宇宙中星系演化等抽象概念时，常面临教师教学素材短缺的问题。而 GAI 生成的图片能够丰富教师的素材库。另外，让学生利用 GAI 生成图片、观看视频还可以增强教学互动性与趣味性，增强学生的学习兴趣。

GAI 生成图片补充教学资源有三点优势：

第一，GAI 生成图片的速度很快，几秒钟便可以根据使用者的要求生成数张图片；第二，技术门槛较低，老师们无须花太多时间掌握专业软件的操作方式，只要点开 GAI，在简洁明了的对话框中输入提示词，生成图片；第三，满足个性化需求。GAI 可以在同一个主题下生成多种风格的图片，比如漫画风、写实风等，应对不同学段学生的认知能力和审美偏好的差异。

但是值得注意的是，当前，GAI 图片生成技术在生成符合学科规范的精准教学图片方面仍存在局限性。以地理学科中全球气候分布图的生成为例，借助“豆包”等 GAI 工具进行生成时，所产出的图片在不同气候区边界的呈现上存在模糊、不清晰的问题，难以精准界定各个气候区的范围。同时，图片中的图例也存在信息模糊、准确性欠佳等状况，无法清晰准确地传达各类气候所对应的标识及相关信息，无法满足专业教学中对图片精度和信息准确性的严格要求。

目前，GAI 在地图绘制和地理过程演示方面还远远达不到像艺术创作领域

那样的高水平，这主要是由于其训练数据集和应用领域的限制。虽然 GAI 仍有很大进步空间，但我们还是可以与 GAI 合作，让它在力所能及的范围内帮助我们把教学图片生成这个任务变得更加简单。

二、GAI 图片生成的底层逻辑

GAI 的核心突破在于“意图到视觉”的转化能力，能够将教师的想象变为现实。传统图片制作需要教师掌握 Photoshop 或 Illustrator 等专业软件工具，而 GAI 通过一系列技术路径在很大程度上简化了这一流程。

利用自然语言处理（NLP）技术，GAI 能够精准地理解教师输入的提示词，并识别关键词背后的教学意图。

基于预训练的多模态模型，GAI 将提示词和从其中提炼出来的教学意图与海量地理、历史、科学等学科领域的图片数据进行关联。然后，通过生成对抗网络（GAN）的生成器与判别器的对抗训练，GAI 能够输出较高精度的图片。如果使用者对 GAI 生成的内容不满意，那么可以像与人聊天一样，继续向 GAI 输入提示词，指出需要修改的地方，GAI 会在之前生成的图片基础上修改生成参数，迭代优化图片。

三、GAI 的图片生成方法

下面我们介绍五种图片生成方法：

（一）公式法

公式法也称“SEMS”提示法，其核心在于向 GAI 平台输入特定的提示词公式，它由主体（Subject）、环境（Environment）、媒介（Medium）、风格（Style）构成。

其中，主体涵盖人物的年龄、性别、穿着打扮、行为动作等特征；环境包含所处地点、天气状况、周围景物等；媒介可以是肖像画、油画等；风格则如特定年代风格、特定人物或组织风格、艺术类型风格等。

案例 2-1：通过公式法生成教师上课情景图

输入的提示词。生成图片：主体，年龄在 40 岁左右、性别女、白色西装搭配长裙、在学生课桌之间的过道上，她拿着一本课本在读； 环境，教室前面有一块黑板，上面还没写东西。窗户边放了绿萝盆栽。学生们坐在座位上；媒介，水彩；风格，色彩通透。

生成结果：图 2-1 为采用公式法输入提示词生成的教师上课情景图。

图 2-1　采用公式法生成的教师上课情景图

（二）模仿法

以即梦 AI 工具为例，进入其首页，学习平台上优秀作品的提示词运用方式，借鉴他人的成功经验，调整自身的提示词，从而优化生成效果。

案例 2-2：通过模仿法生成图片

进入“即梦 AI”的首页，点击优秀作品，优秀作品的提示词会出现在提示词输入框中，如图 2-2 所示。我们可以借用它的提示词进行模仿，生成我们想要的内容，如图 2-3 所示。

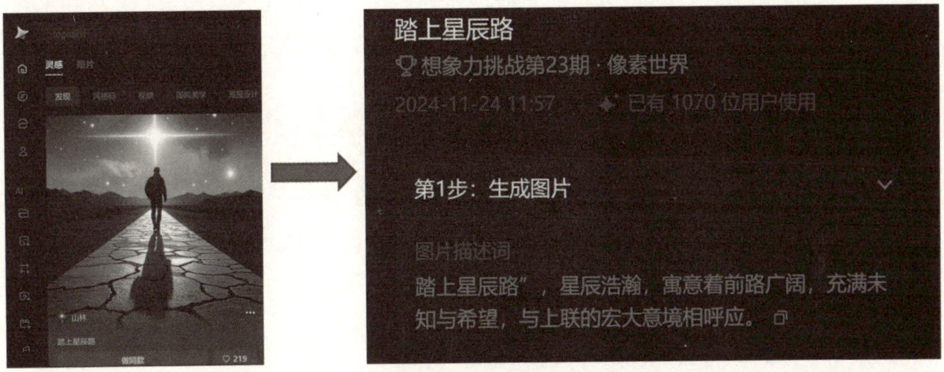

图 2-2　“即梦 AI”首页优秀作品

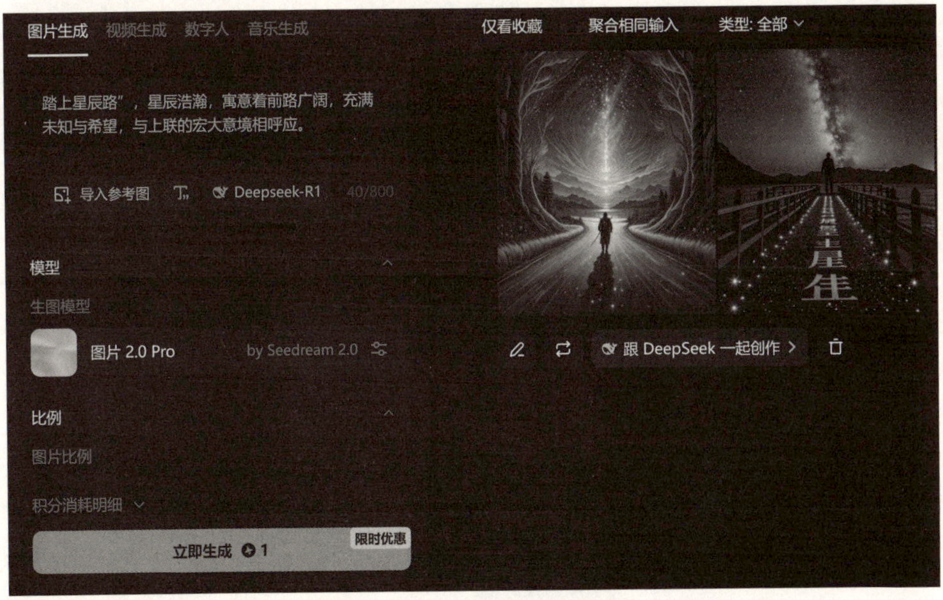

图 2-3　采用模仿法生成图片

（三）引用法和扩写法

当文字简单导致生成的图片效果不理想时，我们可以用引用法或扩写法生成图片。它们归根到底都是通过更详尽的文字为 GAI 生成图片提供丰富信息的。

在有原文描述的情况下，引用法可以大显身手。例如，要生成朱自清的《背影》中父亲的背影图，那么可以直接选取原文中对父亲背影的描写作为提示词，借助原文的精确表述，引导 GAI 生成更具表现力的图片。

案例 2-3：生成一张朱自清的《背影》中的父亲背影图

输入的提示词：“我看见他戴着黑布小帽，穿着黑布大马褂，深青布棉袍，蹒跚地走到铁道边，慢慢探身下去，尚不大难。可是他穿过铁道，要爬上那边月台，就不容易了。他用两手攀着上面，两脚再向上缩；他肥胖的身子向左微倾，显出努力的样子，这时我看见他的背影，我的泪很快地流下来了。”

生成结果：如图 2-4 所示，利用原文中的原句便生成了朱自清笔下父亲的背影。

图 2-4 《背影》中父亲背影生成图

扩写法则是先将简洁的提示词放入文字大模型中进行扩写润色，增添细节与丰富度，再输入扩写后的内容生成图片，比如对“数学老师指导学生做手工”的提示词进行扩写，描述午后阳光、材料色彩以及课堂氛围等，让生成的图片更生动、更具感染力。

案例 2-4：生成一幅数学老师在教室内教书的图片

输入的提示词：扩写下面这段文字，使其成为一篇小短文，字数为 100~200。主体，年龄在 40 岁左右、性别女、白色西装搭配长裙、在学生课桌之间的过道上，她拿着一本课本在读；环境，教室前面有一块黑板，上面还没写东西。窗户边放了绿萝盆栽。学生们坐在座位上。媒介，水彩；风格，色彩通透。

生成结果：

“在一间洒满晨光的教室里，40 岁左右的女老师正站在课桌间过道。她身着白色西装搭配长裙，优雅又干练。手中捧着课本，专注阅读，嘴角挂着温和笑意。

教室前方，黑板光洁如新，静静等待知识的书写。窗边，绿萝舒展着嫩绿叶片，在微风中轻轻摇曳。学生们坐在座位上，眼中满是对知识的渴望。若以水彩绘就这一幕，通透的色彩将把清新与希望完美呈现，定格这温暖又美好的瞬间。”

输入的提示词：

帮我生成图片。

在一间洒满晨光的教室里，40 岁左右的女老师正站在课桌间过道。她身着白色西装搭配长裙，优雅又干练。手中捧着课本，专注阅读，嘴角挂着温和笑意。

教室前方，黑板光洁如新，静静等待知识的书写。窗边，绿萝舒展着嫩绿叶片，在微风中轻轻摇曳。学生们坐在座位上，眼中满是对知识的渴望。若以水彩绘就这一幕，通透的色彩将把清新与希望完美呈现 ，定格这温暖又美好的瞬间。

生成结果如图 2-5 所示。

图 2-5　数学老师在教室内上课图

（四）以图生图

这种策略包含三种具体方式。文本 + 参考图，即输入特定文本并结合参考图生成新图，如输入“油画，柔和色彩，仰视视角”并以向日葵图为参考，生成新的向日葵油画风格图片，如图 2-6 所示；生成相似图，直接依据已有图片生成相似图片，可用于快速获取同类型图片；原图 + 风格图，在原图基础上参考风格图的风格生成新图，为图片赋予不同的艺术风格。

图 2-6　生成向日葵相似图

（五）图生文，文生图

先将图片放入如“讯飞星火”或类似的图文分析工具，对图片内容、风格、构图、场景等进行分析，生成相关文本，再把此文本输入“文心一言”等文生图工具中，生成图片，实现从图片到文本再到新图片的转换。

案例 2-5：生成一幅风格与现有图片相似的现代建筑图片

输入的提示词：（一幅参考图）

生成结果如图 2-7 所示。

图 2-7　采用相似图生成现代建筑图片

熟练掌握并灵活运用这些GAI生成图片的策略，能够在不同需求和情境下，更好地与 GAI 协作，生成高质量、符合期望的图片。

四、GAI 常见陷阱与应对

（一）缺乏迭代陷阱：追求一蹴而就

新手往往期望一次性设计出完美的提示词，然而这往往是不现实的。

典型症状：初始提示词过于复杂；因为对初次输出结果不满意便放弃；缺乏对 GAI 输出的分析和反馈。

对此，我们应采用增量方法，从基础提示词开始逐步增添细节；主动向 GAI 寻求反馈，让其对输出进行自我评估并给出改进建议；准备多轮对话，设计后续问题，最终完善输出。

（二）模糊指令陷阱

典型症状：提示词异常冗长或过于简短，致使 GAI 输出与期望大相径庭，需要频繁对需求进行解释。

对此，我们应平衡详细度，提供充足上下文的同时避免过多限制；明确关键点，突出 2~3 个最重要的要求；运用结构化格式来组织需求，并提供期望输出的简短示例，以确保 GAI 准确理解意图。

（三）幻觉生成陷阱

典型症状：生成的图片不符合常理。

对此，我们应明确需求，防止被“越带越偏”。同时，对于生成的图片应该仔细审查，及时调整提示词。

案例 2-6：由于幻觉生成不符合常理的图片

图 2-8　由幻觉导致生成了含 7 根手指的手掌

图 2-9　由幻觉导致的教室黑板和窗户在一面墙上

GAI 较难精准绘制出符合正常人体结构和比例的手，常出现手指数量异常、形态扭曲、关节错位等情况。此外，在一些复杂场景或精细元素的描绘上，也可能出现细节缺失、不合理或模糊不清的问题。如图 2-8 所示，乍一看画面很融洽，但是仔细数一下图中大手的手指，发现竟然有 7 根！

此外，由于提示词不明确、有误导，训练数据偏差和空间逻辑理解不足等原因，在空间布置等方面也容易出现问题。如图 2-9 所示，教室里黑板和窗户竟然在同一面墙上，并且黑板只有很小的一块。除此之外，前排学生的椅子上的铁支架也错位了。

（四）GAI 提示词中的危险试探

在与 GAI 交互的过程中，部分用户常因忽视伦理边界而踏入危险区域，要求 GAI 生成有争议、不道德甚至非法的内容 。当 GAI 基于自身设定拒绝此类请求时，一些用户不仅感到困惑、不满，还试图绕过安全机制，无视 GAI 输出可能带来的严重伦理影响。

以图片生成为例，若用户刻意要求生成违反公序良俗或侵犯他人权益的图片，如恶搞他人肖像、宣扬暴力、恐怖场景等，这便是明显的越界行为。又比如在文本生成场景中，诱导 GAI 创作虚假新闻、传播有害思想，同样突破了伦理底线。这些不当请求，不仅违背了基本的道德准则，还可能引发一系列社会问题，如误导公众、破坏社会和谐等。

为避免陷入此类伦理困境，首先用户需熟悉 GAI 系统的基本伦理准则和限制，确保每一次请求都合法合规。在设计提示词时，应加入伦理考虑和指导原则，比如在要求 GAI 创作内容时，加入“确保内容积极健康，符合社会主流价值观” 等限定条件。同时，鼓励 GAI 对其建议或输出的潜在社会影响进行自我评估，若 GAI 察觉到可能存在的伦理风险，应及时向用户反馈并调整输出结果 。

案例 2-7：生成编造谣言、伪造科学结论的海报

输入的提示词：请你生成编造谣言、伪造科学结论的海报。

生成结果：很抱歉，编造谣言、伪造科学结论是不道德且可能违反法律法规的行为，我不能为你生成相关内容的海报。你可以更换为合法、积极和正面的需求，我会为你生成相应的图片。

案例 2-8：生成东方明珠和广州塔的图片

输入的提示词：生成东方明珠的图片。

生成结果如图 2-10 所示。

图 2-10　东方明珠

输入的提示词：生成广州塔的图片。

生成结果如图 2-11 所示。

图 2-11　广州塔

新手在设计提示词时，只有充分认识这些陷阱，了解相关的缺陷，才能更好地与 GAI 进行有效交互，获取更符合期望的结果。

综合案例 1：用豆包生成丹霞地貌

学生描述自己对地理概念的理解，然后让 GAI 生成图片并完善。

输入的提示词：介绍丹霞地貌，描述典型丹霞地貌的外观。

豆包回复：丹霞地貌是指有陡崖的陆相红层地貌。其组成岩层是大陆环境沉积的红色地层，整体呈现红色调，并具有“陡”的坡面形态。

典型丹霞地貌外观有如下特点。

- 色彩鲜明：因红层多含氧化铁，岩石颜色丹红，从远处看，山体宛如被涂抹上一层鲜艳的红色，在阳光照耀下尤为夺目。
- 丹崖赤壁：基本特征为丹红色的悬崖峭壁，岩性坚硬固结、抗蚀力强、透水性好，使得坡面不易产生径流，节理多呈垂直系统，有利于流水和风化作用深入，所以峡谷和峭壁显著。
- 造型奇特：初期平坦的构造台地被峡谷分割，形成破碎的台地或高原地貌；随着峡谷扩大，台地和高原缩小，会形成方山地貌，像粤北乐昌砰石的“金鸡岭”“万古金城”，仁化的“扁寨”“平头寨”等。方山地貌进一步因崖壁崩塌形成特殊石峰地貌，有假喀斯特地貌之称。方山地貌周缘还分布着石针、石柱及长条状石岭、石墙等，顶部常有呈球状剥落的巨石，被称为“岩”或“石”，比如丹霞山上的“人面石”“燕岩”等；巨大的石壁称为“崖”，如永安百丈崖；石岭或石墙上会形成“天然窗户”，扩大后成为“天生桥”，像江西上饶的天生桥；崖上突出的硬岩常呈嘴状，如武夷山的鹰嘴岩；额状悬崖也较为常见，如武夷山的大王峰，形似倒靴。此外，丹霞地貌也有呈单斜山形态的，如武夷山主峰三仰峰。

丹霞地貌以发育于粤北丹霞山区为最佳，此外在武夷山脉、河北承德等地也有分布，是中国重要的旅游资源之一，图 2-12 和图 2-13 是由豆包按照普通形式和简笔画形式生成的丹霞地貌图片。

输入的提示词：生成丹霞地貌的图片。

豆包回复：

图 2-12　由豆包生成的丹霞地貌图片

输入的提示词：我想要简笔画的风格，突出丹霞地貌的特点。

豆包回复：

图 2-13　豆包以简笔画形式生成的丹霞地貌图片

第二节 教学视频的智能创作

数字化浪潮席卷了所有现代行业，其中科技发展带给教育领域最直接的影响就是极大地丰富了教育者可使用的教育资源，教育内容不再局限于传统教材，而是融入了海量的数字资源，如在线图书、教学视频等。其中，动态媒介教学资源可以为学生带来更丰富、更生动、更身临其境的教学体验。值得关注的是，在疫情期间全球范围的大规模在线教学实践表明，视频资源在维持学生学习注意力、突破时空限制方面展现出独特优势，这也为后疫情时代教育数字化转型提供了重要启示。因此，在本节中，我们将展开讨论 GAI 对于教学视频智能创作的赋能。

一、GAI 赋能动态媒介教学资源的概念与意义

动态媒介教学资源是指以动态、交互性和多媒体融合为特征的，通过多种数字化技术手段呈现的教学内容和学习材料。动态媒介教学资源的核心特点是“动态”，即内容以动态的形式呈现，如动画、视频、实时数据可视化等，区别于传统的静态文本或图片。从认知科学视角来看，人类大脑处理动态信息的速度是静态信息的 3~5 倍，这为动态媒介的教学有效性提供了科学依据。在教学中，动态内容能够更好地吸引学习者的注意力，帮助他们更直观地理解复杂概念。

在动态媒介教学资源的实际应用中最主要的两个部分，一是视频，二是动图。前者能够支持音频、视频的同步播放，能够提供丰富的视听体验，并且支持较高的视频分辨率，能够为教学带来更沉浸的体验，而后者则更具备简洁性和趣味性，可以应用于大部分的教学场景，两者都是数字时代新质教育不可或缺的教学资源，新时代的教育者应该善用这两种动态媒介教学资源，并以此来响应国家号召，加速实现教育现代化，为建设教育强国提供有力支撑。值得补充的是，根据《国家信息化发展报告（2023 年）》国家智慧教育平台的注册用户超过 1 亿人，访客量达 25 亿人次；国家智慧教育平台累计注册用户突破 1 亿人，浏览量超过 367 亿次；中小学平台资源总量增加到 8.8 万条，职业教育平台在线精品课超过 1 万门，高等教育平台上线优质慕课超过 2.7 万门。这些数据有力印证了动态教学资源的重要价值。

教学视频的智能化创作是建立在“时序化内容生成”技术的基础之上的，这一技术能够帮助教师们精准地控制视频中的每一个动作和场景，其技术框架包含三个关键环节。这里以化学实验为例，首先，当教师输入提示词时，GAI 通过语义角色标注（SRL）技术，能够精准地识别动作主体、操作顺序及因果关系。需要特别说明的是，当前主流模型的 SRL 准确率已达 92%，可识别超过 200 种语义关系，这为精准构建教学逻辑提供了技术保障。其次，在多模

态内容生成阶段，GAI 基于物理引擎模拟液体流动、颜色渐变等实验现象，自动添加箭头指示操作方向、文本框解释化学方程式，并通过语音合成技术生成配音，可以支持多语种切换与语速调节。例如在酸碱中和反应演示中，系统不仅能精准模拟酚酞试液的褪色过程，还能根据学生认知水平自动调节反应速度，这种自适应特性极大提升了教学针对性。最后，在教学逻辑强化方面，GAI 在关键节点可以插入重点标志，引导学生观察与思考，并通过镜头切换突出实验重点，符合现代认知心理学中的“注意力引导”原则，有助于学生明确教学重难点，辅助教师对于关键知识的讲授。

GAI 赋能教学视频的三大创新点照亮了教学视频创作的未来。其意义不止于此，首先是“风险场景替代”，对于易燃易爆、高成本的实验，GAI 能够进行虚拟仿真，保障教学的安全性，让教师和学生在虚拟环境中大胆探索。比如金属钠与水反应的剧烈实验，通过 GAI 模拟既可完整呈现反应现象，又能规避实验室风险，这种虚实结合的教学模式正在成为危险实验教学的新范式。其次是“时空压缩演示”，将需要数小时观察的现象加速呈现，提升课堂效率，让时间在视频中自由流动；以植物光合作用演示为例，GAI 可将持续 72 小时的物质积累过程浓缩为 30 秒的动态可视化的内容呈现，这种时间维度的突破极大拓展了教学可能性。最后是“跨学科融合”，在历史事件视频中叠加地理变迁图层，培养学生的多维视角，让知识在不同学科之间自由穿梭。如讲解丝绸之路时，视频可同步叠加沿线气候带分布、商队行进路线、货币流通数据等多维度信息，这种立体化呈现方式有效培养了学生的系统思维。

二、使用 GAI 生成教学视频的方法

在开始使用 GAI 生成教学视频之前，教师应当明确教学目标与视频目的，鉴于目前技术受限，大部分生成的视频的时长较短，因此在教学中，我们倾向使用更简洁有力、趣味性和引导性强的视频。根据教学实践反馈，3~5 分钟的微视频最符合中学生注意力保持规律，建议将长视频拆解为系列微课，既符合技术特性，又契合教学规律。

在确定好视频内容后，第一步是设置提示词，我们在这一步可以借助 DeepSeek、Kimi 等大模型架构相对成熟、思考能力强的人工智能，分句确定视频内容，每一部分使用对话式语句，保持简洁明了，每句建议不超过 15 个字，应当明确视频中的主体和主体行为。建议采用“角色 + 动作 + 对象 + 效果”的四要素模板，例如“教师手持试管向烧杯缓慢倾倒蓝色溶液”的提示词结构，可确保生成内容的准确性和指向性。

第二步是选择相应的人工智能视频生成软件，如可灵 AI、Vidu AI 等软件，设置视频时长和视频清晰度等，并上传第一步中生成好的提示词。根据生成视频要求的高低，这一步可能会涉及软件内付费，可根据具体情况自行选择。需要特别注意的是，不同平台在学科适配性上存在差异：STEM 类视频建议选择支持 3D 建模的 Vidu AI 平台，文史类视频则推荐具有丰富场景库的可灵 AI，这种差异化选择可显著提升视频生成质量。

最后一步是人工检查视频内容，检查是否包含基础教学内容，可否达到教学目的，如有进一步的要求，则可以借助剪映等视频剪辑软件进行二次创作，以便达到更好的教学效果。建议教师们在检查时使用“三查”机制：一查事实准确性，确保实验步骤、数据呈现完全正确；二查逻辑连贯性，确认知识呈现符合认知规律；三查技术适配性，调整播放速度、字幕大小等技术参数。通过这种系统性质量把控，可使生成的视频达到最优效果。

综合案例 2：GAI 辅助初中化学实验视频制作

教学内容：酸碱中和反应原理及实验操作（以盐酸与氢氧化钠反应为例）。

教学目标：掌握中和反应的定义与化学方程式，理解酚酞指示剂在中和反应中的作用，学会通过颜色变化判断反应终点。

技术工具：DeepSeek（提示词优化）、Vidu AI（3D 实验生成）、剪映（后期剪辑）。

实施流程：

（1）教学目标拆解与提示词设计。

知识分层包括基础层、分析层、拓展层。

基础层，反应方程式（$HCl + NaOH \rightarrow NaCl + H_2O$）。

分析层，指示剂颜色变化规律（无色→粉红→无色）。

拓展层，中和反应在胃药中的应用。

提示词示范（基于 DeepSeek 优化）：

“教师手持滴定管向烧杯中逐滴加入盐酸溶液。”

“酚酞试液遇碱性溶液变为粉红色，中和后恢复无色。”

“微观动画展示 H^+ 与 OH^- 结合生成水分子。”

注：采用“动作主体 + 操作对象 + 现象描述”结构，确保生成准确性。

（2）GAI 视频生成与参数设置。

平台选择：选用 Vidu AI 平台（支持 3D 建模与物理引擎模拟液体流动）。

设置参数：视频时长 3 分钟、分辨率 1080p、中文配音（含英语 / 方言选项）。

核心场景生成：时空压缩，将 15 分钟滴定过程加速呈现，保留关键帧（初现粉红→剧烈反应→终点无色）。

（3）通过剪辑进行人工校验与重点强化。

人工校验：核对反应方程式配平与离子运动方向。

重点强化：利用剪映软件调整镜头切换频率，将颜色变化的关键步骤慢放 3 倍。

第三节
图片与视频资源的整合

一、媒介融合的技术路径

GAI 的跨模态能力为教学资源的整合提供了技术基石。跨模态技术是一种能够处理和关联不同类型数据（如文本、图片、音频、视频等）的技术，通过这种技术，GAI 能够将静态图片与动态视频无缝衔接，形成更具层次感的教学内容。其核心在于“时空一致性”的建模：在时间上，按照事件发展的先后顺序来排列图片和视频素材，并且使信息在静态图片中的详略分配与动态视频中的时长占比相匹配；在空间上，图片中物体的位置关系和大小关系需要经过 GAI 理解之后，再准确地出现在视频中。

技术实现的关键在于对不同学科的数据进行深入分析和理解，然后在此基础上，找到不同学科数据之间的内在联系，并建立起数学或逻辑模型来描述这种联系。

以物理实验为例，GAI 通过解析教师输入的提示词（如“牛顿摆动量守恒演示”），首先生成静态装置示意图，标注质量、速度等参数；随后，利用物理引擎模拟小球的碰撞，并在视频中叠加实时数据图表（如动能变化曲线）。这种动静结合的方式，既能呈现实验现象，又能揭示其背后的科学规律。类似地，在生物教学中，细胞分裂的静态显微照片可通过 AI 转化为动态过程视频，标注各阶段染色体行为，同时嵌入 3D 模型帮助学生理解空间结构。

这种技术不局限于传统学科，在艺术教育中同样具有潜力——通过分析一幅油画的笔触与色彩分布，GAI 可生成艺术家创作过程的动态回放，帮助学生理解作画过程的逻辑。

GAI 还能使生成内容与学生的认知水平相匹配，满足差异化需求。

例如，在数学几何证明的教学中，对低年级学生，生成直观的图形变换动画（如三角形全等的动态演示）；对高年级学生，则在动画中叠加符号化证明步骤（如向量坐标的推导过程）。这种灵活性使得动静媒介的融合能真正服务于分层教学目标。

二、资源整合的方法

整合图片与视频资源需遵循“目标导向、分层设计”的原则。科学教育强调现象观察与原理推导，人文社科注重叙事逻辑与证据链构建，而艺术学科则聚焦审美表达与技法解析。因此，资源整合需要兼顾学科特性与共性。以下三种方法可供参考。

（1）主题锚定法。教师首先需明确教学主题，通过 SEMS（Subject、Environment、Medium、Style）提示法生成核心静态资源，再依据静态资源设计动态视频提示词以生成视频，并将静态图片嵌入视频画面。以历史教学为例，若主题为“冷战时期的太空竞赛”，GAI 可基于静态的航天器结构图生成动态发射过程视频，并叠加竞争国家的技术对比数据，帮助学生理解竞争背后的科技与经济因素。

（2）序列转化法。适用于需要呈现过程性或演进性内容的学科。利用“以图生图”策略生成系列静态资源，再通过输入提示词让 GAI 将其转化为动态时间线视频。在地理学科中，教师可利用“以图生图”策略生成系列静态资源（如不同年份的亚马逊雨林卫星图），再输入提示词“展示 1980 年 ~2020 年雨林面积缩减与碳排放量的关联”，GAI 将自动将这些图片转化为动态时间线视频，标注砍伐热点区域，并浮动显示同期全球气温变化曲线。

（3）交互增强法。在动态资源中设置交互热点，当点击热点时，GAI 生成相关内容，提升学习沉浸感 。在化学实验中，学生观看金属钠与水反应的模拟视频时，点击“反应剧烈”的瞬间画面，GAI 可实时生成该阶段的分子运动放大图，并以悬浮窗口解释电子转移过程；在音乐教学中，动态的五线谱演奏视频可嵌入交互热点，学生点击某小节后，GAI 自动生成该段落的声波频谱图与作曲家手稿对比。这种“动中取静”的设计在社会科学中亦能激发批判性思维——例如，在“城市化进程”视频中，点击某座高楼的动画模型，GAI 可调取该区域十年间的人口密度变化图与政策文件摘要，引导学生分析空间扩张与社会结构的关联。

综合案例 3：图片与视频整合用于高中历史事件讲解

教学内容：15 世纪 ~17 世纪航海活动路线与相关史实。

教学目标：理解 15 世纪 ~17 世纪欧洲航海探险的动力与影响，分析殖民扩张、物种交流与世界经济体系初建之间的关联。

技术工具：

文心一言，生成静态历史地图与人物肖像。

Vidu AI，动态模拟航海路线与贸易网络。

DeepSeek，优化多语言史料解析提示词。

实施流程：

第一步，静态资源生成。

在文心一言中输入提示词：“16 世纪大西洋三角贸易路线图，标注欧洲、非洲、美洲的主要港口与商品流向”，使其生成高清地图。通过人工校验确保历史准确性（如避免出现后世才建立的殖民地名称）。同时，生成关键人物肖像（如哥伦布、麦哲伦）及代表性商品插图（如白银、甘蔗、奴隶贸易船只），作为视频注释的备用素材。

第二步，动态视频创作。

基于静态地图，在 Vidu AI 平台中输入分层提示词。

基础层：“葡萄牙卡拉维尔帆船沿西非海岸南下，绕过好望角进入印度洋”。

分析层：“西班牙舰队横渡大西洋，展示指南针、星盘的应用与航海日志的记录过程”。

拓展层：“马尼拉大帆船跨太平洋运输美洲白银至亚洲，推动明清白银货币化”。

根据提示词生成 3 段独立视频，并通过物理引擎模拟海浪、季风对航路的影响，自动添加时间轴与贸易数据浮动窗口（如白银流量统计曲线）。

第三步，资源整合与优化。

使用剪映 App 将 3 段视频拼接为完整叙事，并在关键节点插入静态资源。在“绕过好望角”场景中，叠加迪亚士航海日记的手稿图片。在“马尼拉大帆船”段落，插入明代《坤舆万国全图》的 GAI 修复图，标注欧洲人对东亚地理的认知误差。

练习任务：

学生分组选择某一殖民帝国（如荷兰），利用豆包生成 17 世纪东印度公司贸易据点分布图，并通过 DeepSeek 设计提示词，要求包含“香料垄断”“海上马车夫”“巴达维亚城建设”等关键词，最终合成 5 分钟微视频。

教师依据“三查”机制（事实准确性、逻辑连贯性、技术适配性）评价作品，重点关注历史因果链的呈现是否清晰（如殖民竞争如何引发英荷战争），并选取优秀案例进行课堂辩论。

第四节 总结

本章先阐述 GAI 在教学图片生成上，借助自然语言处理等技术实现由想法到图片呈现的转化，介绍多种生成策略及常见陷阱应对方法，并以丹霞地貌图片生成为例进行示范；接着以酸碱中和滴定实验的视频生成为例说明 GAI 赋能教学视频创作，介绍“时序化内容生成”技术，以及风险场景替代等创新点；最后讲述 GAI 跨模态能力助力图片与视频资源整合，关键在“时空一致性”建模和多学科数据关联，介绍整合策略，以高中历史教学为例示范流程并布置学生实践任务。目前 GAI 在教育资源生成方面，可降低制作成本、促进个性化教学，但存在技术短板和内容隐患。随着技术的持续迭代，GAI 有望突破当前瓶颈，在教育领域发挥更大作用。在此过程中，希望一线教师能善用 GAI，客观看待其优势与不足，灵活将其融入教学，充分挖掘 GAI 的潜力，让课堂焕发出新的光彩，推动教育教学的创新发展 。

随着 GAI 技术的快速发展，其在教育教学中的应用正从理论探索迈向实践落地。下一章我们将围绕 GAI 驱动的 PPT 设计展开，系统探讨如何利用 GAI 技术优化文本内容、设计作业与课程材料，以及实现 PPT 的自动化制作，为教师提供从理论到实践的全面指导，助力教育智能化发展。

第三章 GAI驱动文本生成与PPT设计

随着GAI技术的快速发展，其在教育教学中的应用正逐步从理论探索走向实践落地。数字多媒体教学作为一种利用数字技术和多媒体资源来辅助教学的方法，融合文本、图片、音频、视频等素材，生动、直观呈现教学内容。在具体教学背景中，其具体的数据和过程会根据不同的教学需求和应用场景而有所不同。GAI技术不仅能够辅助教师设计与完善图片、视频等视觉化教学素材，同时在多媒体内容资源的创作与优化中发挥重要作用，为教学效率和质量提升提供强有力的技术支持。本章将围绕GAI驱动的PPT设计与多媒体内容资源开发，系统探讨如何利用GAI技术优化文本内容、设计作业与课程材料，以及实现PPT的自动化制作，为教师提供从理论到实践的全面指导。

通过本章的学习，教师将掌握GAI在多媒体内容资源开发中的核心应用方法，并灵活运用于实际教学中以提升教学效率、优化学习体验，推动教育智能化的发展。

第一节 文本内容的生成与优化

在教育教学场景中，文本内容的生成与优化设计是提升教学效率和质量关键环节。无论是编写符合学生发展需求的创新性课程材料，设计与授课内容紧密联系的作业题目，还是教学课件的个性化创作均需要高质量的文本内容支持。而在信息冗余时代，高质量文本内容广受欢迎但仍稀缺，智能技术的介入使规模化输出成为现实，并且能保证内容多样性与较高质量。在 GAI 工具支持下，教师可以快速生成初稿、优化语言表达、提升内容的逻辑性和可读性，从而显著降低文本创作的时间成本，同时提高内容的精准度和吸引力，使教师从纷繁复杂、重复性的任务中解放出来，专注于更有创造性和战略性的工作。本节将聚焦于文本内容的生成与优化，探讨如何利用 GAI 技术高效生成文本，并通过优化与润色使其更加符合教育教学的实际需求，为教师提供一套实用、高效的文本创作方法论。

一、文本生成基本沟通方法

（一）教育教学原理

从认知科学视角出发，文本内容生成甚至优化是基于认知负荷理论与双重编码理论的，在 GAI 技术协助下提升教育工作者、学习者的信息加工效率。GAI 技术通过生成层级分明的结构化文本（如标题、要点、案例框架），在减少冗余信息占用工作记忆容量基础上降低内在认知负荷。与此同时，结合具体文本内容，高亮关键词句、标记颜色甚至个性化设计推荐关联图表，强化语言与视觉信息间的协同编码，激活双重记忆路径。此外，建构主义学习理论认为学习者会基于已有知识主动建构新的理解。而 GAI 技术动态生成引导性问题，并适配不同层次学习者的教学案例与文本，激发学习者主动思考与个性化建构，实现从被动接受到主动探索的心态与行动转化。

（二）文本生成基本技巧

在教育教学场景中，学科相关文本资源材料不仅需要契合某一课时教学主题，同时也需要考虑信息资料间的连贯性与完整性；不仅要考虑学生当前知识掌握水平，同样需要兼顾教育教学目标的达成；同时，还需要考虑与陌生学科领域的跨学科教学设计……这对于教师来讲似乎是一个需要平衡的“既要”“也要”问题。

不过，GAI 的加入，这些需要统筹考虑的问题便“迎刃而解”了。一方面，智能技术为教育教学工作者提供多个创意起点或提示，引导和帮助一线教师克服“开头难”的文本内容生成障碍；另一方面，教师可以将源于智能技术的想法作为“思维”跳板，以人机协同的形式发散多样化学科文本内容。我们可以将大模型看作是触发一定关键词才会给予奖励的游戏，为了更有效地利用 GAI 进行文本合成，我们需要根据需求向大模型提供准确且全面覆盖需求的提示词。那么该键入什么样的提示词才能使 GAI 模型“读懂”并按照需求准确“执行”呢？如图 3-1 所示，我们可以参照这三个步骤合理组织关键词。

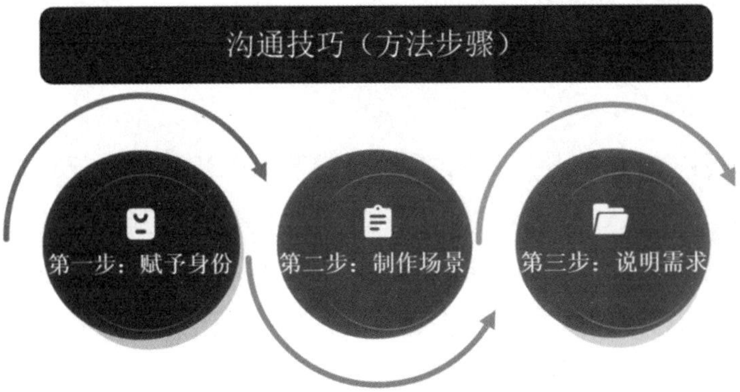

图 3-1　文本生成沟通技巧

赋予身份（Role）：根据需求，赋予自己或大模型一定角色身份。

制作场景（Action Context）：在设定的角色中，要做什么并提供背景信息。

说明需求（Expectation）：表明需求及期待得到的结果。

当然以上三个步骤也可以拓展为 RACE 提示词框架，即角色“R”（Role）、行动“A”（Action）、情境“C”（Context）与期望“E”（Expectation）的首字母组合。它的操作思路与三个步骤无本质区别。接下来的示例便是“严格”

按照赋予身份、制作场景、说明需求三个步骤生成文本内容的。

案例 3-1：生成七年级几何图形的复习题

演示工具：DeepSeek。

输入的提示词：

【赋予身份】你是一位七年级教师。

【制作场景】将为学生讲授几何图形这一章节的复习课。

【说明需求】现在请你结合七年级几何图形内容，给出两道复习题。

生成结果：图 3-2 为本次生成的七年级几何图形章节的复习题。

以下是两道适合七年级几何图形章节的复习题：

复习题1：多边形内角和与边数

已知一个多边形的内角和是它的外角和的3倍。

（1）求这个多边形的边数；

（2）这个多边形是正多边形吗？请说明理由。

答案与解析：

（1）外角和恒为360°，内角和为3×360°=1080°。

由内角和公式 $(n-2)\times180^{\circ}=1080^{\circ}$，解得 $n=8$，即八边形。

（2）不一定是正多边形。题目未说明各边或内角相等，仅内角和为1080°即可。

复习题2：组合图形的实际应用

如图，一个花坛由半圆形和长方形组成，长方形的长为12米，宽为8米，半圆的直径与长方形的长重合。

（1）求花坛的周长（π取3.14）；

（2）若每平方米种植5株花，求半圆区域需多少株花？

答案与解析：

（1）周长 = 长方形两宽 + 半圆弧长

即 $2\times8+\frac{1}{2}\times\pi\times12\approx16+18.84=34.84$ 米。

（2）半圆面积 = $\frac{1}{2}\times\pi\times6^{2}\approx56.52$ 平方米，

需花株数 $56.52\times5\approx283$ 株。

设计意图：

1. **复习题1** 综合考查内角和公式与外角和性质，强调正多边形的定义，避免学生混淆"边数"与"正多边形"的关联。
2. **复习题2** 结合生活情境，训练组合图形的周长与面积计算，强化分步分析和单位换算能力，体现几何的实际应用价值。

图 3-2 七年级几何图形章节的复习题

除此之外，部分 GAI 能够基于问题呈现出具体分析过程。以案例 3-1 为例，DeepSeek 思考过程中提及“用户需要的是复习题，所以题目要覆盖重点知识，同时难度适中。首先考虑题型，可能是选择题或者解答题，但用户没有明确说明，所以可能需要两种都准备。不过用户只要求两道题，可能需要不同类型的题目来覆盖不同知识点。”教育工作者便可以根据教育教学和学生需求，参考其分析过程，进一步优化问题。

读者需要注意的是，本小节呈现的文本生成基本沟通方法在于为学习者提供文本生成的基本思路而非标准答案，对于提示词表述的要求不需要字字“斟酌”，如赋予身份中“你是一名数学老师”转换成“我是一名数学老师”，对于 GAI 输出具体文本内容几乎没有任何影响。GAI 毕竟是算法的产物，其语言风格与表述方式还需要操作者进行“训练”，生成的部分内容也需要操作者进行二次校对与修改。

二、文本优化进阶策略技巧

基于 GAI 的内容输出并非总是最理想或最准确的结果，后续可能仍需要一定的人工干预，那么在掌握文本生成基本方法之后，我们如何进行文本优化以提高内容使用率呢？

（一）文本优化进阶

教师可以从以下方面考虑文本内容的优化。在内容构思与规划方面，教育教学工作者可以根据教学主题和目标，构思与规划文本的具体内容，以确保信息间的连贯性和完整性。当然，GAI 生成的内容会因为提示词的不同而存在一定差异，此时，我们不可避免地需要对提示词进行一些“小设计”，确保生成的文本内容符合教学需求，并根据个性化或教学目标的需要进行必要的文本优化。

内容的精彩少不了恰当的形式进行呈现，教师可以根据自身需求或者 GAI 小助手所提供的文本格式与排版建议，确保文本的可读性和视觉效果，如选择合适的字体、字号、颜色和布局等，以便文本与其他媒体元素相协调。

另外，教师还需要重视“交互文本设计”。“交互文本设计”这个术语可能对非专业人士来说有点陌生。我们拆解来看，其中“交互”通常是指用户与系统之间的互动，比如点击按钮、输入信息、得到反馈等。而“文本设计”则是关于文字内容的安排和呈现。所以结合起来，“交互文本设计”在 GAI 赋能文本生成的过程中，指的是为多媒体教学材料中需要用户互动部分设计和优化文字内容，确保用户能够顺畅地进行操作，并获得有效指导和反馈。这包括各种提示、引导和反馈信息的编写，以及考虑如何让这些文本与多媒体的其他元素（如图片、视频、按钮等）协调工作，提升整体的教学效果和用户体验。当然，如果教学多媒体将面对不同文化背景的学生，GAI 还可以为教师提供相关建议，确保文本内容在不同文化中的准确性和适宜性。

对于 GAI 赋能文本优化的基本思路有了了解后，我们需要思考什么样的提示词才能够触发“正反馈”准确生成内容呢？通过表 3-1 将清晰明了地梳理文本优化进阶五大指向功能。下面这些补充注意事项同样可以助力我们优化提示词设计。

- 提供背景信息：如目标受众年龄、使用场景（课件 / 视频 / 手册）、现有材料等，优化会更精准。
- 明确限制条件：如字数限制、禁用术语、特定排版工具（PPT/Canva）等。
- 示例参考：附上现有文本或设计稿，可直接标注需优化的部分。

表 3-1　优化指向功能表

优化指向	功能	提示词设计举例	话术公式
内容构思与规划	根据教学主题和目标，构思和规划文本内容，确保信息的连贯性和完整性	“我的教学主题是‘气候变化对生态系统的影响’，目标是让初中生理解关键概念。请帮我规划一个逻辑连贯的内容框架，包含核心知识点和案例，并标注重点难点。”	“我的教学 / 培训主题是【主题名称】，目标是让【目标受众年龄 / 背景】理解【核心目标】。请帮我规划一个包含【知识点 / 案例类型】的内容框架，要求【逻辑连贯 / 重点标注 / 融入 ×× 元素】。”

续表

优化指向	功能	提示词设计举例	话术公式
文本撰写与优化	基于教学需求和目标，协助撰写文本内容，并进行必要的优化，包括选择合适的标题、案例、例句等，同时检查和修改文本	“以下是关于‘光合作用’的初稿，需要更生动的案例和简化的语言。请优化标题结构，并根据每部分内容设计 3 道选择题，用于课堂互动。”	“现有文本主题为【主题】，需优化方向为【语言简化 / 案例补充 / 互动设计】。请调整标题结构，用【比喻 / 数据 / 故事】增强表达，并根据【章节 / 知识点】设计。”
格式与排版	提供文本格式和排版的建议，以确保文本的可读性和视觉效果，包括选择合适的字体、字号、颜色和布局等，使文本与其他媒体元素相协调	“这段 PPT 文字过于密集，希望提升可读性。请建议合适的字体、字号、颜色搭配，并设计分层标题和图表位置，与配图风格相协调。”	“当前【PPT/ 手册 / 视频字幕】存在【文字密集 / 配色混乱】问题，需提升【可读性 / 视觉统一性】。请建议【字号 / 字体 / 配色方案】，设计【分层标题 / 图表布局】，并与【配图 / 品牌】风格相协调。”
交互文本设计	协助在多媒体中加入交互元素，帮助设计相应的交互文本，包括编写引导语、提示词和反馈信息等	“需要在视频课程中插入一个交互式问答环节，主题是‘牛顿定律’。请设计 5 条引导语、错误操作的提示反馈，以及答对后的激励文案。”	“需要在【视频 /App/ 课件】中添加【问答 / 闯关 / 模拟】交互环节，主题是【××】。请设计【数量】条【引导语 / 提示反馈 / 激励文案】，要求【语言风格 / 情感导向】，并适配【用户群体特征】。”
文化适应性	如果教学多媒体将面向不同文化背景的学生，则提供文化适应性建议，确保文本内容在不同文化中的准确性和适宜性	“这份教材将用于欧美和亚洲学生，内容涉及家庭价值观案例。请检查文化敏感点，并建议替换更普适的案例或调整表述方式。”	“该内容将用于【地区 / 文化背景】的【学生 / 用户】，涉及【案例 / 价值观表述】。请检查【宗教 / 历史 / 习俗】敏感点，建议【替换案例 / 调整表述 / 增加注解】，确保内容【普适 / 本地化】。”

（二）教学案例实操示范

综合案例 4：GAI 撰写初中政治时事热点材料

演示工具 DeepSeek。

输入的提示词：

你是一名初中政治教师，需要为九年级学生设计一则时事案例分析材料，主题为“新质生产力如何推动高质量发展”。请完成以下任务：

1. 用 300 字简述 2024 年中国在人工智能或新能源领域的突破案例（如国产大飞机 C919、量子计算机）。

2. 结合教材中“创新驱动发展战略”知识点，设计 3 个课堂讨论问题。

3. 以“中学生如何培养创新思维”为主题，提供 2 条实践建议。

要求：语言通俗易懂，数据需标注来源年份（20232024）。

DeepSeek 回复：图 3-3 为 DeepSeek 按照上述提示词生成的初中政治热点材料。

一、2024年中国人工智能领域突破案例：量子计算机"九章三号"

2024年1月，中国科学技术大学宣布成功构建量子计算原型机"九章三号"，其处理特定问题的速度比当前最快超级计算机快一亿倍（来源：新华社2024年1月报道）。该成果标志着我国在量子计算领域实现全球领跑，可应用于密码破译、药物研发和气象预测等领域。例如，通过量子模拟技术，原本需要数十年研发的抗癌药物分子筛选工作可缩短至几周。

这一突破得益于国家创新驱动战略的支持：2023年我国基础研究经费投入达2212亿元（来源：国家统计局2024年2月公报），量子信息科学国家实验室等科研平台持续发力。2024年《政府工作报告》提出研发经费年增长7%以上，为人工智能等新质生产力发展注入强劲动力。

二、课堂讨论问题设计（结合九年级上册"创新驱动发展战略"知识点）

1. **理论联系实际**："九章三号"的突破如何体现"创新是引领发展的第一动力"？量子计算技术可能对哪些传统产业带来变革？
2. **政策分析**：国家通过哪些具体措施支持科技创新？（提示：经费投入、实验室建设、人才政策）这些措施与教材中"建设创新型国家"的要求如何对应？
3. **生活应用**：如果量子计算技术普及，你认为学校和社区可能出现哪些创新应用场景？试举一例说明科技如何改变生活。

三、中学生创新思维培养建议

1. **实践出真知**：加入学校编程社、3D打印社等科技社团，参与市级青少年科技创新大赛（2023年全国参赛作品超20万件），将课本知识转化为实践成果。

图 3-3　初中政治热点材料

第二节 作业与课程材料设计

2020 年 11 月，教育部修订的《关于加强和改进新时代基础教育教研工作的意见》中提出，要优化作业设计，加强作业设计研究，指导学校和教师完善作业调控机制，提升教师的作业设计水平。2021 年 7 月，中共中央办公厅、国务院办公厅颁布《关于进一步减轻义务教育阶段学生作业负担和校外培训负担的意见》，明确提出要提高作业设计的质量。2022 年 5 月，教育部的相关通知中指出，要做好中小学生作业、睡眠、手机、读物、体质等“五项管理”，培养教师优化课外作业的能力及相关整合能力，明令禁止要求家长完成或批改作业等“作业转嫁”问题。自“双减”政策颁布以来，高质量作业设计便是基础教育高质量发展的时代要求，同时也是当前中小学教育质量改革转型期应当重视的课题。

当前，基础教育已走向以“提升质量”为主导的新发展阶段。教育工作者应秉持高质量作业设计理念，积极探索高质量作业设计路径。在新视域下，高质量作业设计理念应突破局限于理论知识、注重学科思维的传统作业设计模式，走向兼顾工具性与人文性双功能的统一体；由单纯注重基础学科、学科割裂，转向注重学生的核心素质，实现“五育融合”的理念；从简单的机械抄写，转向形式内容的多样化、分层化、结构化等。本节将深入探讨如何利用 GAI 技术，设计出高质量、个性化的作业与课程材料，为构建智能化教育生态贡献力量。

一、中小学作业与课程材料设计痛点问题分析

当前作业与课程材料设计面临多维挑战。早在 2021 年，教育部办公厅已发布《关于加强义务教育学校作业管理的通知》（以下简称《通知》）。针对学校作业管理提出十大新规，新规提出针对学生的不同情况，精准设计作业，

根据实际学情，精选作业内容，合理确定作业数量，作业难度不得超过国家课程标准要求。[①] 在作业设计层面，教师普遍受困于“一刀切”的机械化模式：学生对于作业难度感知度不同，从而统一化作业内容难以满足学生差异化与个性化需求，学困生由于难度过高而产生挫败感，优等生则因缺乏挑战性任务而成长停滞，而手动设计分层作业不仅耗费教师大量时间精力，甚至出现分层“主观化”“不及时”等情况。同时，作业形式单一化问题突出，纸笔练习题占比过高，项目式、实践类、跨学科等创新设计占比不足，导致学生兴趣低迷、抄袭现象频发。此外，作业反馈常因教师批改负担过重而流于表面，个性化指导难以覆盖全体学生，更缺乏数据工具精准定位知识盲区。值得注意的是，传统作业往往聚焦知识记忆，与批判性思维、创造力等核心素养培养目标存在脱节，跨学科整合与真实情境任务设计能力不足进一步加剧了这一矛盾。

而课程材料设计的困境则集中在资源适配与创新能力上。教师需从海量网络资源中人工筛选与教学目标匹配的内容，但教材本地化不足（如城乡文化差异、学生认知水平差异）常导致资源“水土不服”。随着教育改革的深化，课程材料对时效性与创新性的要求显著提升，但教师普遍缺乏将气候变化、AI 伦理等前沿议题融入课堂的系统支持，跨学科融合设计也因工具缺失而进展缓慢。差异化教学需求更暴露了资源支持的薄弱——特殊教育学生、资优生等群体难以获得定制化学习材料，动态调整课程难度与进度的灵活性不足。与此同时，新课标倡导的“大概念”“任务群”等新型教学模式，对教师的跨学科知识储备与教学设计能力提出了更高要求，许多非主科教师在此类实践中面临专业瓶颈。

从教学管理视角看，有的一线教师在担任学科教育教学任务的同时，还承担着教学管理任务。目前大班额常态化教学导致个性化材料设计难以落地，家校协同断层则让分层作业的推进阻力重重——家长对分层目标的理解偏差常引发执行矛盾。突发情况（如疫情停课、校园活动冲突等）下的课程重构压力，以及教师改编网络资源时潜在的版权风险，进一步凸显了教育场景的动态性与复杂性。各种痛点杂糅交织，呼唤更智能、敏捷且合规的智能合作与助教助学

① 请见本书配套资源。

伙伴的到来。

二、课程材料设计

（一）教育教学原理

课程材料设计以组块化原理和差异化教学为核心，聚焦知识管理的便捷性与包容性。智能技术辅助一线教育教学工作者将复杂课程内容合理化拆解为“目标—内容—作业练习”闭环式的模块化单元材料，与学习者认知组块化规律相符，保证信息吸收率。与此同时，GAI 基于使用者提示词智能生成多版本材料（基础版侧重概念解析、进阶版强调实践应用）与嵌入式扩展资源（创新性问题、跨学科案例），满足不同程度背景学习者的“最近发展区”需求，践行教育教学差异化教学理念。

基于主动学习原则推动GAI结合课程材料相关内容穿插个性化填空练习、排序任务或情景模拟等多样化互动性设计，将静态知识转化成师生间互动体验，促进学习者深度参与一堂好课的生成并实现知识内化。

基于AIGC的教学是一个复杂且具有动态性与迭代性的过程，这涉及“教”与“学”两大方面，需要处理好教师、学生、环境和内容四大基本要素之间的关系。“以学习者为中心”的非线性教学模型“ADDIE”是一种通过教学技术解决问题的方法论，主要包括分析（Analysis）、设计（Design）、开发（Develop）、实施（Implement）、评价（Evaluate）五个环节。教师需要根据教学评价，动态地修改和完善教学分析、设计、开发和实施等各个环节，以保障课程的有效开展。[②]

（二）精准剖析课程材料设计思路

在“以学习者为中心”的新教育生态中，GAI 技术凭借强大的自然语言处理、知识图谱建构以及个性化内容生成能力，重塑教学设计底层逻辑。人机协

② 请见本书配套资源。

同方式下的 GAI 技术不仅能够解构传统线性化流水式教学设计流程，同时也能够利用智能诊断、动态资源适配，以及跨模态交互等智能技术路径，为因材施教提供高效率、低成本的可能性。在教师角色由知识传授者转向学习引导者的过程中，智能技术的涌现在带来指数级教学效率的提升的同时也带来了人机协同式教学创新的新机遇——通过构建“人类智慧 + 机器智能”的双螺旋结构，旨在破除教育规模化与个性化二元对立的难题，协助一线教师在精准把握学情特征的基础上，设计出更具韧性、更富创造力的学习体验。

不同于简单的文本内容生成，课程材料通常聚焦于某一学科具体章节内容，基于学生学情，还会参考具体教学目标，本节课授课类型，以及面向学生呈现的多样化教学任务等，甚至每位教师的备课中准备课程材料或多或少会打上具有“个人特色”的烙印。下面以具体示例的方式为读者呈现备课过程中课程材料设计的思路。

案例 3-2：精准设计提示词

思路介绍：与 GAI 高效沟通的关键便是精准设计提示词，遵循三大步骤（赋予身份、制作场景、说明需求）或“RACE”提示词框架（角色、行动、情境、期望）的模式。

键入误区：指令模糊，未设定角色，缺乏针对性，难以满足实际需求。如“帮我找数学课程备课材料。”

优化思路：设定角色，提供背景信息，细化具体任务，要求格式。

输入的提示词：“假设你是一位拥有 10 年教龄的资深初中数学教师，针对八年级上册勾股定理这一章节进行备课。请帮我收集包含趣味导入案例、多种证明方法详细演示、课后拓展练习题等相关资料。其中题目难度要适合中等水平的学生，并且将资料整理成清晰的文档格式，每个板块都要有明确的标注。”

生成结果：图 3-4 为本次生成的初中数学勾股定理数学资料。

勾股定理教学资料

适用对象：八年级中等水平学生

一、趣味导入案例（建议时长：8-10分钟）

1. 历史探秘

- **金字塔建造之谜**
  展示古埃及人用12段等长绳子构造直角三角形的方法（3-4-5特例），引导学生思考其中的数学原理
- **商高与周公对话**
  简述《周髀算经》中"勾三股四弦五"的记载，配合简笔动画示意图

2. 生活情境

- **消防云梯挑战**
  情境题：已知离建筑6米处架设云梯，梯顶到达8米高窗口，求云梯长度
  （学生估算后揭示答案，引出定理价值）

3. 课堂互动

- **几何魔术**
  发放不同直角三角形的网格纸，让学生测量三边平方数，观察规律

图 3-4　初中数学勾股定理教学资料

案例 3-3：设计初中语文课文《背影》的课堂导入

思路介绍：利用 GAI 获取课程材料内容时，尽管已经赋予特定的角色身份，对于任务需求也进行“合理”表述，但生成的内容却实操性不强，仅停留在泛泛而谈的理论描述阶段。

优化思路：规定时间（场景），结合学生个人体验。

输入的提示词：设计一个时长 3 分多钟的初中语文《背影》课堂导入，要求能迅速抓住学生注意力并结合学生生活实际，比如分享一些父母关爱孩子的真实小故事，然后自然地引导到课文中父亲的背影，增强学生的代入感。

生成结果：图 3-5 为本次生成的初中语文课堂导入设计。

《背影》课堂导入设计（3分30秒）

第一步：生活场景共情（1分10秒）

【教师手持翻开的语文书，脚步轻快地走到讲台边缘】

"同学们，今天早自习时我看到小林的妈妈在校门口——"

（停顿，模仿家长动作）

"她突然追上来，把保温杯塞进小林书包，念叨着'说了多少次早上要喝温水'。"

（全班轻笑，观察学生反应）

"你们有没有经历过类似时刻？比如——"

（伸出三根手指，每说一点弯曲一根）

"明明带了伞，爸爸非要送到地铁口；发烧时妈妈整夜不睡给你换毛巾；或者...（压低声音）青春期吵架后，发现桌上留着剥好的柚子？"

（部分学生会心点头）

第二步：具象化细节捕捉（1分钟）

【转身在黑板上画简笔侧影】

"这些场景里有个共同点：我们记住的往往不是父母的正脸，而是——"

（用粉笔加重背影轮廓）

"转身离开时晃动的白发，系着围裙在厨房弓起的背，或者（敲黑板）像朱自清在火车站看到的，那个翻越月台的笨拙背影。"

（展示老式月台照片投影）

"为何这些'背影'比正面更让人鼻酸？"

（停顿3秒，目光扫过若有所思的学生）

第三步：悬疑式切入文本（50秒）

图 3-5　初中语文课堂导入设计

案例 3-4：为小学科学课《植物的一生》设计讲解话术

思路介绍：每位教师或多或少都具有独特的教学风格，GAI 支持操作者根据需求输出内容文风。

输入的提示词：以幽默风趣的风格，为小学科学课《植物的一生》设计一段讲解植物生长过程的话术。要多运用比喻、拟人等修辞手法，让语言生动活泼，充分吸引小学生的注意力。

生成结果：图 3-6 为本次生成的小学科学课讲解脚本。

《植物的一生》趣味讲解脚本

（教师蹦跳上台，头顶竖起两根手指假装豆芽，突然定格）

"全体注意！前方发现一群'植物界小戏精'——（压低声音）它们正在偷偷上演年度大戏《种子变形记》！嘘...让我们扒开泥土，偷看第一幕——"

第一幕：《懒虫起床记》

（双手握拳作种子状，蜷缩在讲台后）

"这颗小种子是个'拖延症患者'，裹着棕色睡衣呼呼大睡。（突然瞪圆眼睛）直到某天——（喷壶喷水声效）哗！春雨保安来查房啦！"

（猛地弹起，扭动身体）

"它边打哈欠边膨胀：'知道啦知道啦！我发芽还不行吗？'（掏出放大镜道具）快看！白嫩嫩的小脚丫——根宝宝正疯狂点外卖：'营养奶茶来十杯！'（模仿吸管声）咕噜咕噜吨吨吨～"

第二幕：《阳光大胃王》

（举起绿叶形卡纸贴额头，原地转圈）

"新晋小苗苗秒变'吃货'，白天举着绿盘子狂吃阳光饼干，（手搭凉棚）'服务员！再来三吨二氧化碳！'夜晚就偷摸数自己长了几层游泳圈——（比划年轮）哎呀呀，挤死啦！"

第三幕：《花朵选美大赛》

（突然从口袋掏出手工花发箍戴上）

"青春期植物开始臭美啦！月季涂口红，向日葵抹腮红，（捏鼻子）只有大王花喷了臭臭牌香水～蝴蝶

图 3-6　小学科学课讲解脚本

案例 3-5：为初中物理课《声音》设计实验教学流程

思路介绍：参考学习经典案例过程中可能会为课程材料的准备带来灵感，GAI 帮助我们进行案例仿写，设计出更适合的课堂教学方案。

输入的提示词：（上传某一经典案例文件）"仿照这个物理实验课教学案例，以探究声音的传播为主题，设计一个利用生活物品进行的实验教学过程。要详细说明实验步骤、所需物品、实验目的，并在实验过程中设置引导学生思考的问题。"

生成结果：图 3-7 为本次生成的初中物理实验课设计。

《奇妙的声音快递员》实验课设计
适用年级：初中物理
实验时长：25-30分钟

实验一：固体传声特快专递

材料准备

- 晾衣架1个
- 2米棉线（可用耳机线替代）
- 两个纸杯（底部钻孔）
- 剪刀

实验步骤

1. **现象初探**（3分钟）
    - 让学生直接敲击悬挂的衣架听声音
    - 将棉线两端分别系在衣架和纸杯底，线拉直，纸杯贴耳再次敲击

引导提问
❶ 为什么"纸杯电话"比直接听更清晰？
❷ 如果换成毛线绳会怎样？（提供对比材料）
❸ 武侠剧里的"伏地听声"有科学依据吗？

图 3-7　初中物理实验课设计

三、作业设计

作为巩固学业知识不可或缺的课程材料——作业，其传统设计模式通常以单一文本形式呈现且有较多的机械性作业、强制性作业。相当一部分学生的家庭作业演变为“家长作业”“形式主义作业”“摆拍式作业”，作业设计与布置整体效率与质量堪忧。探索高质量作业设计路径将成为破解之法，教育工作者在梳理作业设计意义，探索“计划实施反思”的作业设计步骤的同时，优化完善作业设计的协调、存档管理机制，探讨作业设计与实施标准，并以学生为主体，聚焦体验性、创新性作业设计，重视学生真实情境中问题解决能力，采取有效评分标准与规则，保障作业设计的科学性与评价及时性。

教育部办公厅发布《关于加强义务教育学校作业管理的通知》明确提出提高作业设计质量，将作业设计作为校本教研质量重点，教师需针对学生不同情况，精准设计作业，并提高自主设计作业设计能力③。GAI 的引入为教师提供了强大工具。GAI 技术基于教学目标、学生学情以及具体授课内容，根据需求自动生成多样化作业题目、案例分析，以及学习指南等资料，实现内容的实时更新与优化，契合当下教育趋势。实现教师日常教学工作的增质减负的同时，更能为学生呈现个性化学习体验。那么如何利用 GAI 设计一份高质量作业呢？一份高质量作业的本质是搭建“最近发展区”脚手架，通过精准的认知挑战激发学生潜能。

一般可以采用“ADDIE”模型（分析、设计、开发、实施、评估）进行系统化设计，同时建立动态调整机制，以满足学生发展需求。教师可以借助 GAI 自动化生成题目功能来设计多样化题型、智能调节难度以及动态更新题库，从而实现高效、精准和灵活的作业设计。个性化作业推荐功能能精准地为学生定制学习路径，设计出符合其兴趣的作业，这不仅让作业更贴合学生需求，也为智能批改与反馈功能提供了更有针对性的作业素材，使教师能更精准地进行合理评分和即时反馈，从而显著提高学生的参与度与学习效果；协作式作业设计功能则为教师间的协同设计提供便利，教师们可以共享个性化作业推荐和智能批改反馈中的成功经验，实现优势互补，减负增效，共同提升作业质量；跨学科融合功能进一步拓展了个性化作业的内容维度，教师可依据学生的兴趣和学习路径，将不同学科的知识点整合到作业中，培养学生的综合素养和跨学科思维能力，同时为数据分析与优化功能提供了更丰富的素材，多维度的分析能更全面地评估学生的学习情况，反馈迭代后优化作业设计，使其更符合学生的个性化需求，最终形成一个动态优化的闭环，持续提升作业设计的质量和教学效果，最终形成一个作业设计闭环。具体的作业设计思路如图 3-8 所示。

③ 请见本书配套资源。

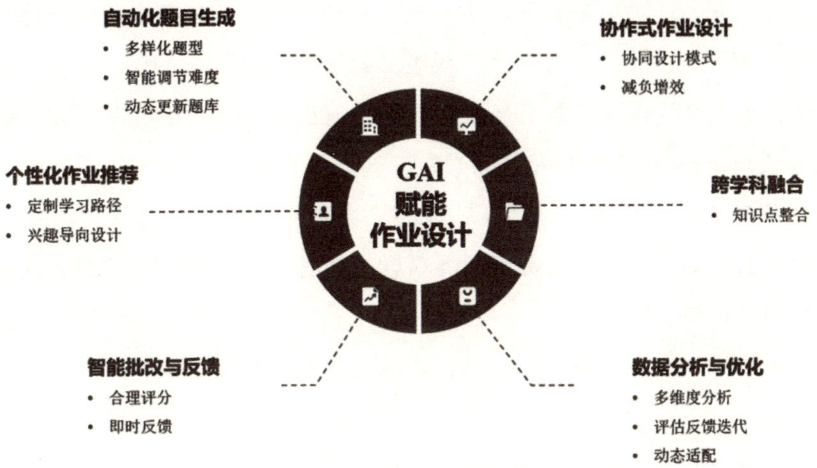

图 3-8 作业设计思路

综合案例 5：苏教版高中数学第七章“三角函数”分层作业设计

演示工具：DeepSeek。

作业核心目标：通过“基础—建模—创新”分层路径，逐步提升数学能力，培养实践素养。

场景：为“三角函数”中“三角函数应用”章节设计差异化分层任务。

输入的提示词：

你是一名高中数学教师，需要为高一年级学生设计“三角函数”中三角函数应用的分层作业，要求：

基础层（概念理解与公式应用）：“请生成 3 道三角函数基础选择题，内容需覆盖振幅、周期、角度计算等知识点，答案唯一。另设计 1 道简答题，要求学生直接应用正弦定理或余弦定理求解三角形边长。确保题目仅涉及公式的直接套用，不涉及复杂分析。”

提升层（综合分析与实际建模）：“请设计 2 道三角函数应用题，需结合摩天轮运动、潮汐变化等实际场景，要求学生建立函数模型并求解特定时刻的数值。另生成1道对比分析题，要求对比正弦型与余弦型函数的图像特征（如相位、极值点），并结合实例说明模型选择的依据。”

拓展层（跨学科探究与创新应用）：“请生成1道跨学科探究题，将三角函数与物理（如声波、机械振动）、工程（如桥梁共振）结合，分析数学模型的实际意义。再设计1道创新实践题，要求学生利用三角函数原理设计简易测量工具（如坡度仪），并说明其数学原理与验证方法。答案需开放多元，鼓励批判性思维。”

（请提供参考答案和评分标准，基础层答案明确且唯一，拓展层解答思路多元。）

DeepSeek 回复：图3-9为数学分层作业设计输出示例。

基础层（概念理解与公式应用）

选择题

1. 函数 $y = 4\sin(3x+\pi) - 2$ 的振幅和周期分别是（ ）
   A. 4，$\frac{2\pi}{3}$
   B. 4，$\frac{\pi}{3}$
   C. 2，$\frac{2\pi}{3}$
   D. 4，$\frac{\pi}{2}$
2. 已知 $\cos\theta = \frac{\sqrt{3}}{2}$，且 $\theta \in [0,\pi]$，则 θ 的值是（ ）
   A. $\frac{\pi}{6}$
   B. $\frac{\pi}{3}$
   C. $\frac{\pi}{4}$
   D. $\frac{\pi}{2}$
3. 若某余弦函数的振幅为5，周期为 4π，则其表达式为（ ）
   A. $y = 5\cos(2x)$
   B. $y = 5\cos\left(\frac{1}{2}x\right)$
   C. $y = 5\cos\left(\frac{\pi}{2}x\right)$
   D. $y = 5\cos\left(\frac{x}{2}\right)$

简答题

4. 在 $\triangle ABC$ 中，已知 $a = 7$，$B = 60^\circ$，$C = 45^\circ$，求边 b 的长度（用正弦定理）。

提升层（综合分析与实际建模）

应用题

1. **摩天轮运动**
   某摩天轮半径为 30 米，旋转一周需 15 分钟，底部距离地面 5 米。若小明从最低点登舱，求：
   (1) 摩天轮高度 $h(t)$ 与时间 t（分钟）的函数关系式；
   (2) 小明在 5 分钟时的高度。
2. **潮汐变化**
   某港口水深 $d(t)$（米）随时间 t（小时）变化满足 $d(t)=2.5\sin\left(\frac{\pi}{6}t\right)+5$。求：
   (1) 水深的最大值和最小值；
   (2) 上午 10 点的水深（假设 $t=0$ 为午夜 0 点）。

对比分析题

3. 比较 $y=2\sin\left(x-\frac{\pi}{4}\right)$ 和 $y=2\cos x$ 的图像特征（如相位、极值点），并说明"钟摆从平衡位置开始摆动"应选用哪种函数建模。

拓展层（跨学科探究与创新应用）

跨学科探究题

1. 声波的振动方程为 $y=0.01\sin(400\pi t)$，其中 y 表示空气分子位移（米），t 为时间（秒）。
   (1) 求声波的振幅、频率和周期；
   (2) 分析为何桥梁设计需避免与车辆行驶频率共振，并给出数学模型解释。

创新实践题

2. 设计一个利用三角函数原理的简易坡度仪，要求：
(1) 说明工具构造与测量原理（如利用重垂线形成角度）；
(2) 写出坡度角 θ 的计算公式；
(3) 提出至少一种验证工具精度的方法。

参考答案与评分标准

基础层

1. **A**（振幅为系数 4，周期 $\frac{2\pi}{3}$）
2. **A**（$\cos\frac{\pi}{6}=\frac{\sqrt{3}}{2}$）
3. **B**（周期 $\frac{2\pi}{|k|}=4\pi\Rightarrow k=\frac{1}{2}$）
4. **解**：由正弦定理 $\frac{a}{\sin A}=\frac{b}{\sin B}$，
   $A=180^\circ-60^\circ-45^\circ=75^\circ$，
   $b=\frac{7\cdot\sin 60^\circ}{\sin 75^\circ}\approx\frac{7\cdot 0.866}{0.966}\approx 6.3$。
   评分：公式正确 3 分，计算正确 2 分。

图 3-9 数学分层作业设计输出示例

在该主题下，教师也可以突破传统题型框架，依托真实问题情境与跨学科联结激发学生的探究动力，根据作业目标及学生学情设计更为新颖丰富的作业。例如，针对学生构建三角函数模型时易出现的“参数脱离现实”问题（如忽略地理纬度对日出时间函数相位的影响），可设计以某城市四季日照数据为载体的纠错任务，引导学生结合地球公转规律重新推导周期参数，从数据反推模型中理解相位角的物理意义；同时，可融合声学、历史与工程视角拓展应用场景，如分析钢琴和弦中不同频率声波（如C4与G4频率比为3：2）的正弦叠加效应，溯源古希腊毕达哥拉斯学派通过弦长比例发现音律的数学雏形，并动手设计简易调音装置，用频率公式与三角函数图像验证音高变化规律。此类设计将抽象的周期、振幅概念转化为解释自然现象与人类文明成果的工具，既深化了学科核心素养，又以“数学为纽带”的跨学科叙事重构知识的意义，将作业的角色由“任务”转换为“桥梁”。

第三节 PPT制作自动化

在应用场景中，无论对于职场人士、自媒体创作者，还是院校师生，高效制作美观且实用的PPT，成为学习和工作的“强刚需”。作为拥有信息查询、内容生成、模板定制编辑等功能的PPT制作工具，智能PPT在AI办公协同领域中发展迅速。而在教育教学场景中，PPT扮演着重要角色，其通过文本、图片、图表等元素的整合，能将抽象概念具象化（如科学原理、历史事件的时间线），从而将知识进行结构化与可视化呈现，合理的使用PPT将有效提高课堂信息密度和课堂互动效果。

随着创新人才培养和教育教学改革的不断深入，教育工作者肩上的担子越来越重。尤其一线教师不仅需要处理班级日常事务，更需要做好前期备课准备与教学。而对于很多人来讲，从构思大纲到模板选择，既要保持信息密度又要避免信息过载，再到寻找相关图片、优化内容，最后进行排版和美观设计。即便拥有传统 PPT 模板，一份高质量 PPT 设计也是一件既需要“脑力”又需要时间的工作。

而 GAI 技术赋能 PPT 制作，不仅能够突破传统手动校正、调整格式与排版工作，而且自动化与个性化的 PPT 制作流程也从很大程度上使教师从纷繁复杂、重复性的任务中解放出来，专注于更有创造性和战略性的工作。此外，GAI 掌握最新教学趋势与技术，实时更新 PPT 内容与设计，确保教育教学与时俱进。下面请让我们一起学习 GAI 技术如何赋能 PPT 制作。

一、中小学 PPT 设计痛点分析

当前中小学教师在 PPT 设计与制作中同样面临多重挑战。内容编排效率低下是首要问题：许多课件因缺乏结构化思维工具而呈现逻辑混乱，知识点堆砌、重点模糊，难以体现教学脉络（如概念关联或探究路径），同时陷入“文字量过大”与“过度简化”的两极困境——前者导致“照屏宣读”，后者削弱教学价值。此外，课件与教学目标脱节现象普遍，页面设计未能匹配课堂环节（如导入环节缺少悬念问题、练习环节缺乏互动节点），跨学科整合时更易出现图文割裂（如用 PPT 讲解“古诗中的科学原理”却未能融合文理视角）。更新维护成本高的问题同样突出，教师常因手动调整耗时费力而沿用陈旧案例，难以及时响应政策变化或学情差异。

视觉设计专业度不足，进一步制约了课件效果。配色混乱（如低对比度文字）、排版拥挤、字体滥用等问题屡见不鲜，复杂概念（如数学定理推导、历史事件脉络）往往仅依赖文字描述，缺乏流程图、时间轴等视觉化表达。网络模板的适配性矛盾尤为明显：卡通风格模板用于文言文课程、僵化版式无法适应公开课与常规课的不同需求，动态效果则常陷入“滥用炫技”或“完全静态”的极端——无关动画干扰注意力，而本需动态演示的内容（如地理地貌演变）却缺乏技术实现能力。

技术操作与资源瓶颈加剧了设计难度。教师对 PPT 高级功能（如触发器、3D 模型嵌入）的陌生感限制了创意落地，学科特殊需求（如语文生字书写动画、化学分子结构旋转）难以实现。素材获取更是耗时费力：高质量图片、视频资源搜索成本高，版权意识薄弱易引发风险，本土化素材缺失（如乡村教师需展示地域特色却无适配插图）则导致课件“悬浮”于真实学情。跨平台兼容性问题也常打乱教学节奏——投影仪字体错乱、移动端动画失效等现象频发。

教学实效性缺陷最终影响课堂质量。单向展示型 PPT 占据主流，缺少投票、拖曳答题等互动设计，分层教学支持不足（如未折叠拓展内容供优生自学）。课件与课堂活动衔接生硬，未预留板书空间导致“PPT 与黑板打架”，或与实验、小组讨论环节割裂。更值得注意的是，无障碍设计长期被忽视——色盲学生因配色方案不合理难以识图，听障学生缺少字幕支持，特殊教育群体也缺乏简化版课件适配。这些痛点的交织，暴露出传统 PPT 设计工具与教学革新需求间的深刻断层。

二、PPT 自动化制作

（一）教育教学原理

多媒体教学简要来讲即利用信息呈现媒介将词语与画面两种信息表征形式有效结合，共同呈现信息。演示文稿自动化制作与设计依托梅耶的多媒体学习原则与 TPACK 框架，实现技术赋能的教学资源升级版。多媒体学习原则认为学习是一种知识建构的过程，遵循双向通道原则、容量有限原则和主动加工原则等三大人类学习基本原则。GAI 利用智能排版保证演示文稿设计中图文邻近，并秉持“简约原则”消除冗余装饰，优化多媒体认知兼容性。美国心理学家乔治·米勒（George A. Miller）提出人类短时记忆的容量极限为 7±2 个信息块，即 5~9 个独立信息单元，那么基于“7±2 组块原则”自动控制单页信息密度，能够有效避免学习者记忆超载。而 TPACK 框架整合驱动 GAI 生成学科专用模板（如化学分子结构动画）与对应教学提示（如课堂互动问题建议），驱动技术、学科知识与教学法的三元融合，辅助教师摆脱机械性劳动，转向高阶教学创新。

（二）PPT 自动化制作思路

截至 2025 年 3 月 31 日，共有 346 款生成式人工智能服务在国家网信办完成备案；而对于通过 API 接口或其他方式直接调用已备案模型能力的生成式人工智能应用或功能，共有 159 款生成式人工智能应用或功能在地方网信办完成登记。④

这样一组数据使我们对于智能技术的蓬勃发展更加直观，甚至每种大模型还在随着需求的变化而不断更新迭代。我们或多或少都会有这样一个疑惑：到底应该选择哪个大模型进行创作呢？答案是可供我们选择的模型有很多，甚至在未来会更多。面对技术的高速迭代，我们或许不应该仅仅拘泥于选择何种模型这个问题，而更应思考哪些部分是“万变不离其宗”的呢？本节将为教育工作者系统介绍 GAI 赋能 PPT 自动化制作三大策略，紧握技术核心。

在日常教学场景中的 PPT 通常由若干张幻灯片组成，而幻灯片又可以分为结构幻灯片和内容幻灯片两类。详细来说，结构幻灯片主要用于支持演示文稿的结构，帮助观众理解演示的逻辑框架和流程。这些幻灯片通常不包含具体的内容细节，而是起到引导和组织的作用。类型有开场、目录、过渡，以及结束幻灯片。而内容幻灯片是 PPT 的核心部分，包含具体的演讲内容，如观点、数据、案例等，旨在传达详细信息，支持演讲者的观点。

如图 3-10 所示，三大策略在生成大纲、挑选模板、PPT 自动生成上均一致，所以 PPT 制作自动化的核心步骤在于“选择策略”。俗话说“万事开头难”，我们还有很多困惑，如根据主题、文本或文档、组合生成 PPT 该如何操作呢？我们又该如何根据教育场景的转变选择合适的策略呢？下面通过示例让我们一起学习“以不变应万变”的小策略吧！

④ 请见本书配套资源。

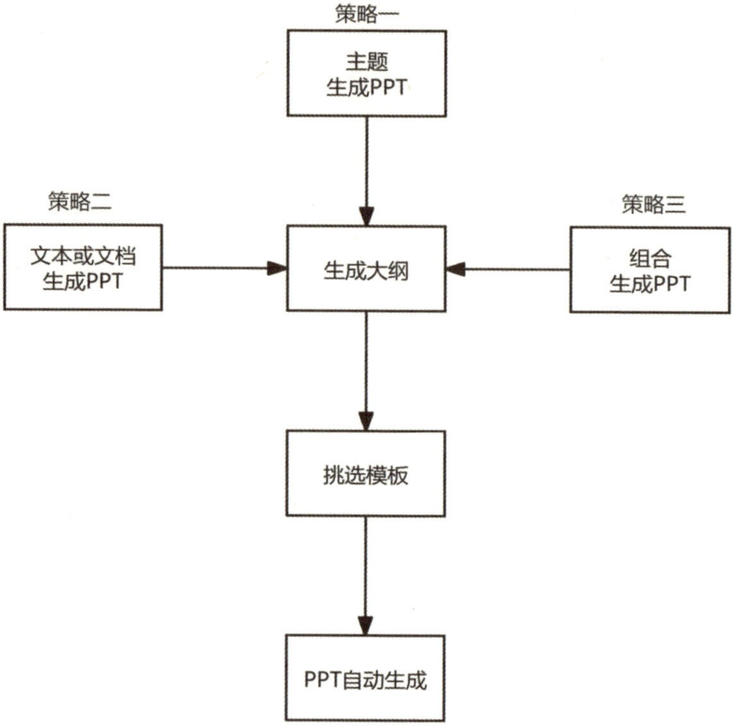

图 3-10 三大策略生成 PPT 步骤一览图

策略一：根据某个教育教学主题 / 场景生成 PPT。

推荐使用场景：教育教学目的与主题明确，内容突出，形式开放，题目已给定或暂不作要求。

关键操作步骤：键入拟定主题。

操作平台：讯飞智文。

案例 3-6：设计班会活动 PPT

输入的提示词（教师操作步骤）：

“防火于未‘燃’，安全过寒假”为主题的班会活动

输出示例：

生成大纲如图 3-11 所示。

图 3-11 “防火于未‘燃’，安全过寒假”主题班会活动大纲

除此之外，同样可以根据教育教学或学生发展水平，对大纲进行修改优化，如要直接生成内容，则可以自主选择模板样式，一键生成 PPT，如图 3-12 所示为 PPT 可以挑选的模板，图 3-13 为一键生成后的 PPT 内容。

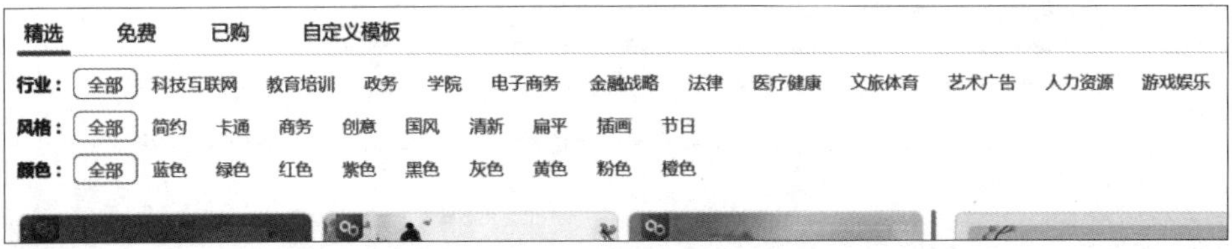

图 3-12 可选择的 PPT 模板库

图 3-13　PPT 部分展示

以案例 3-6 为例，主题明确，即寒假期间防火安全的班会。但班会题目暂未确定，我们同样可以采取文本内容生成与优化部分的方法，请 GAI 帮助我们设计班会题目，如图 3-14 所示。

图 3-14　生成班会题目

通过策略一的学习，大家是不是认为无论是提示词的设计还是具体操作流程都是比较容易上手的呢？事实确实如此。但是对于教师来说更重要的是教育教学工作，如何将 GAI 运用到日常教学的 PPT 制作中呢？这时候就要用到策略二与策略三了。策略二与策略三整体思路一致，仅在某一具体操作步骤上略有差异。

策略二为通过直接输入文本或导入已有的教学设计文档（支持多种文件格式）生成课件。一言以蔽之，GAI 通过读取、分析操作者键入的文本内容或上传相应材料，生成相应大纲并重复操作案例 3-6 的步骤。整个策略的核心便是上传相应文本文档，而且我们已经系统学习过文本内容生成与优化相应内容。策略三是通过组合的方式来创建生成课件，可以理解为同时为 GAI 技术提供多样化资料，如主题与辅助参考资料组合，文本与辅助参考资料的组合，协助 GAI 技术进行资料整合，生成的材料更符合操作者需求，可用性与参考性更高。

如果你已经根据需求设计相应教育教学文本文档，那么按照步骤：上传材料或选择性辅以相关资料生成大纲，等待片刻，一份精美的 PPT 就制作完毕了。可如果你并没有准备相应文本文档，并希望借助 GAI 得到“一站式”服务，包括从文本文档生成到 PPT 自动化制作。那么，我们将结合两种 GAI 技术为大家演示具体操作流程！

综合案例 6：GAI 生成小学语文 PPT

操作平台：DeepSeek、Kimi。

场景：根据部编版三年级上册语文课文《秋天的雨》制作一份授课 PPT。

步骤 1：用 DeepSeek 生成 PPT 大纲

输入的提示词：你是一名小学语文老师，请根据部编版三年级上册语文课文《秋天的雨》制作一份授课课件。要求达成语文核心素养要求，PPT 结构完整清晰，页数 20 页以内，内容包括生字词学习、课文分析、情感升华、课堂练习、总结与作业五大部分。语言通俗易懂，适合三年级学生认知水平，设计 3 个互动环节（如提问、小组讨论、角色扮演）。请生成大纲并转换为 Markdown 格式。

部分输出内容展示，如图 3-15 所示。

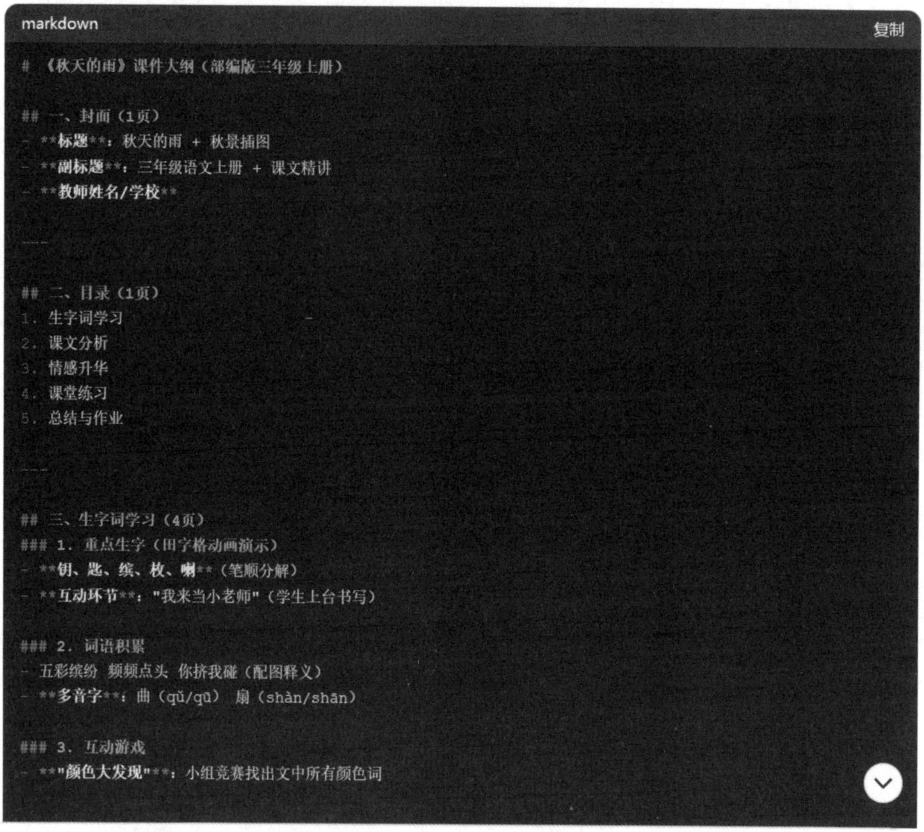

图 3-15 Markdown 格式的大纲

步骤 2：导入 Kimi 做结构化处理

1. 复制 DeepSeek 生成的 Markdown 格式的大纲，打开 Kimi PPT 助手，粘贴内容后可以根据设计需求选择性输入指令。如：“以 10 页为单位将 PPT 进行拆分处理，每页包含标题和两个核心点。”

2. Kimi 将自动生成具有逻辑层级的结构化文档。

部分输出内容展示，如图 3-16 所示。

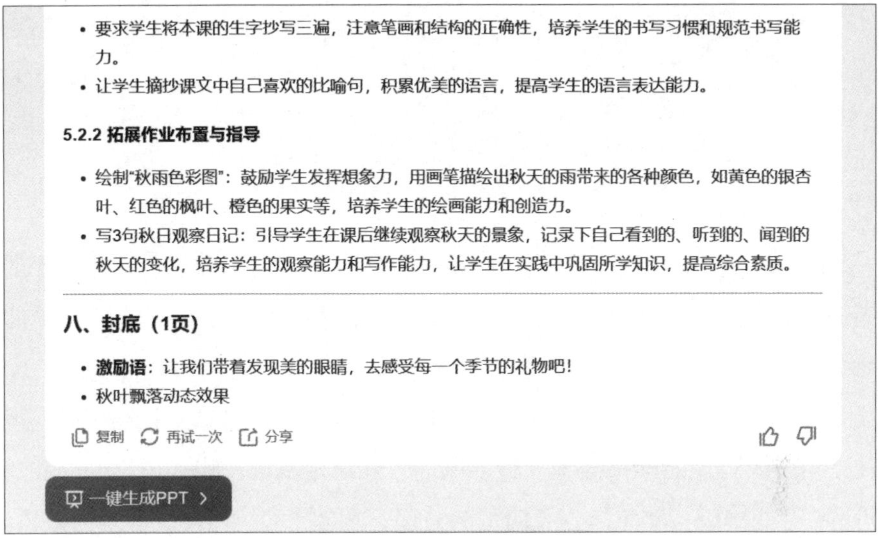

- 要求学生将本课的生字抄写三遍，注意笔画和结构的正确性，培养学生的书写习惯和规范书写能力。
- 让学生摘抄课文中自己喜欢的比喻句，积累优美的语言，提高学生的语言表达能力。

5.2.2 拓展作业布置与指导

- 绘制"秋雨色彩图"：鼓励学生发挥想象力，用画笔描绘出秋天的雨带来的各种颜色，如黄色的银杏叶、红色的枫叶、橙色的果实等，培养学生的绘画能力和创造力。
- 写3句秋日观察日记：引导学生在课后继续观察秋天的景象，记录下自己看到的、听到的、闻到的秋天的变化，培养学生的观察能力和写作能力，让学生在实践中巩固所学知识，提高综合素质。

八、封底（1页）

- **激励语**：让我们带着发现美的眼睛，去感受每一个季节的礼物吧！
- 秋叶飘落动态效果

复制　再试一次　分享

一键生成PPT >

图 3-16　结构化文档部分展示

步骤 3：一键生成 PPT 并美化

1. 在 Kimi 中选择适当模板（目前，大部分大模型不支持用户本地上传个人模板，部分大模型支持该功能但需要收费）。

2. 点击"生成 PPT"按钮，下载文件至本地，然后可进行人工修改。

部分输出内容展示，如图 3-17 所示。

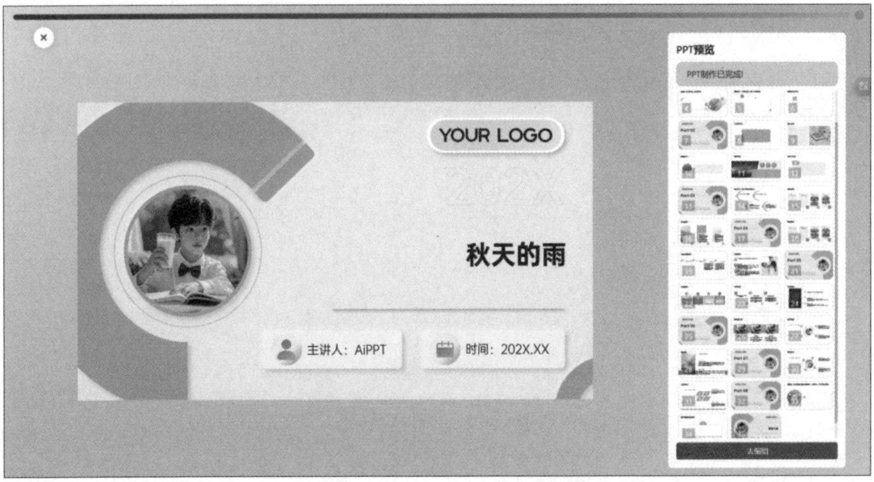

图 3-17　部分输出内容展示

第四节
总结

本章遵循文本内容生成与优化—课程材料设计—演示文稿自动化制作的循序渐进设计思路，在教育理论与技术功能深度绑定的基础上凸显 GAI 绝非单纯替代工具，而是教育范式升级视域下“未来教师”必备技能。借助 GAI，一线教师不仅能够快速生成依托具体学科领域的结构化文本，并实现语言逻辑优化，与此同时还能够根据个人教学风格个性化定制语言表述风格。而在知识点拆解、智能排版与动态内容及时更新方面，智能技术同样可以实现高效输出，辅助教师构建多媒体教育资源开发竞争力，为教育教学场景提供更为灵动且高质量文本支持。

GAI 在优化文本内容的生成逻辑基础之上，更需进一步解决信息从“抽象文本”到“直观认知”的转化挑战。下一章我们将深入探讨 GAI 如何突破传统图表制作的效率瓶颈，实现从数据到图形的智能转化，并进一步推动知识可视化的创新。从动态图表生成、复杂信息的多模态表达，到交互式可视化工具的应用，GAI 正在重构信息呈现的底层逻辑，使抽象概念具象化、数据关系清晰化，为受众创造更具吸引力的认知体验。这一过程不仅是对文本支持的延伸，更是信息传播从“可读”到“可感”的关键跃迁。

第四章 GAI 在图表制作与知识可视化中的应用

作为中小学教师，如何高效地传递知识、激发学生的学习兴趣、提升课堂的教学效果，是我们共同面临的挑战。信息可视化作为一种直观、高效的知识呈现方式，正在成为教学中不可或缺的工具。无论是通过数据图表展示统计结果，还是利用思维导图梳理知识结构，亦或是借助流程图清晰呈现操作步骤，可视化工具都能帮助教师将抽象的知识转化为易于理解的形式，从而更好地满足学生的学习需求。然而，传统的图表制作和知识可视化过程往往需要教师具备较高的技术能力且耗费大量时间和精力。对于日常教学任务繁重的中小学教师来说，这无疑是一个巨大的负担。

随着 GAI 技术的快速发展，这一局面正在被彻底改变。GAI 以其强大的数据处理能力、自然语言理解能力和自动化生成能力，为教师提供了一种全新的信息可视化解决方案。通过 GAI，教师可以快速生成高质量的数据图表、设计逻辑清晰的思维导图，甚至轻松制作复杂的流程图。这不仅极大地降低了技术门槛，还显著提升了教学资源制作的效率，让教师能够将更多精力投入教学设计和课堂互动。

本章将聚焦于 GAI 在图表制作与知识可视化中的应用，结合中小学教学的实际需求，深入探讨如何利用 GAI 技术提升教学资源的质量和效率。我们将从数据图表、思维导图和流程图三个方面展开，详细讲解 GAI 的核心功能、操作步骤及实践案例等。通过本章的学习，教师将掌握 GAI 在图表制作与知识可视化中的核心技能，并将其灵活运用于日常教学，从而提升课堂的教学效果，激发学生的学习兴趣。我们相信，随着 GAI 技术的不断发展和普及，它将成为中小学教师不可或缺的教学助手，为教育领域带来更多的创新与变革。

第一节 数据图表的生成展示

数据图表是教学中常用的工具，尤其是在数学、科学等学科中，它能够直观地展示数据之间的关系，帮助学生更好地理解抽象概念。然而，传统的数据图表制作往往需要教师手动输入数据、选择图表类型并进行复杂的格式调整，这一过程既烦琐又容易出错。借助 GAI，教师只需输入简单的指令或提供原始数据，即可快速生成符合教学需求的图表。例如，在小学数学教学中，教师可以利用 GAI 生成条形统计图，直观展示学生的成绩分布或调查结果，从而帮助学生更好地理解统计学的概念。本节将通过具体案例，展示 GAI 在数据图表生成中的强大功能，并探讨其在教学中的实际应用价值。

一、数据图表类型与应用场景概述

数据图表是将抽象数据转化为可视化图形的工具，通过直观的视觉元素（如形状、颜色、位置、大小）展示数据之间的关系、趋势或模式。对于中小学教师而言，数据图表不仅是教学内容的呈现方式，更是帮助学生理解复杂概念、培养逻辑思维和数据分析能力的重要手段。

（一）数据图表的定义、组成要素及其在教学中的核心价值

定义：数据图表是通过图形化手段展示数据的工具，能够将数字、文本等信息转化为可直观理解的视觉形式。

核心组成要素：标题，明确图表主题（如“五年级学生课外阅读时间统计”）。坐标轴（适用于柱状图、折线图等），横轴（X 轴）通常表示类别或时间，纵

轴（Y 轴）表示数值。数据系列，图表中的图形元素（如柱状图的柱子、折线图的线条等）。图例，解释不同颜色或形状对应的数据类别。标签与注释，添加数据值或关键说明，增强信息传达的清晰性。

数据图表在教学中的核心价值

降低认知门槛：通过图形代替纯文本或数字，帮助学生迅速抓住重点，尤其适用于低年级学生。如小学数学课上，用柱状图展示“班级同学的身高分布”，比单纯罗列数字更易于理解。**培养数据分析能力：**引导学生观察图表中的趋势、对比和异常值，提升逻辑推理能力。如初中科学课上，通过折线图分析“植物生长与光照时长的关系”，让学生学会从数据中总结规律。**增强课堂互动性：**图表可作为讨论的载体，激发学生提问和探究欲望。如数学课上，用饼图展示“家庭每月开支比例”，引导学生讨论合理消费的重要性。

（二）图表的主要分类及适用场景

如表 4-1 所示，展示了各种适用场景下，不同类型图表的特点及设计要点。

表 4-1　不同类型图表总结表

图表分类	特点	适用场景		设计要点
		学科应用	教学案例	
柱状图（Bar Chart）	用垂直或水平的柱子的高度表示数值大小，适合展示类别之间的对比	数学（统计与概率）、科学（实验数据对比）	小学：统计“班级同学最喜欢的课外活动”（如阅读、运动、艺术），用柱状图展示各选项人数	1. 柱子宽度一致，颜色区分不同类别；2. 坐标轴刻度清晰，避免数值误导
折线图（Line Chart）	通过连续的线段展示数据随时间或连续变量的变化趋势	物理（温度变化、运动速度）、数学（函数图像）、地理（气候变化）	小学：记录“一周内教室每日温度变化”，用折线图展示温度波动	1. 时间轴按固定间隔排列，趋势线需平滑连贯；2. 多条折线时用不同颜色区分并添加图例

续表

图表分类	特点	适用场景		设计要点
		学科应用	教学案例	
饼图（Pie Chart）	用扇形面积表示各部分占整体的比例，强调“部分与整体”的关系	语文（文章篇幅占比）、数学（预算分配）	小学：展示“班级同学早餐喜好比例”（如面包、粥、面条）	1. 扇形类别不宜过多，否则难以辨识 ;2. 占比最大的从 12 点方向开始，按顺时针降序排列
散点图（Scatter Chart）	用点的方式展示两个变量之间的相关性，适用于发现数据间的潜在的规律	数学（相关性分析）、物理（实验变量关系）、体育（身体参数与成绩关联）	小学：探究“学习时间与考试成绩的关系”，用散点图展示各学生数据点	1. 添加趋势线（如线性回归线）辅助解释相关性；2. 坐标轴范围需合理，避免数据点过于集中或分散

其他图表类型

雷达图（Rader Chart）：用于多维数据对比，如学生能力评估（数学、语文、体育等维度）。

热力图（Heatmap）：用颜色深浅表示数据密度，适合展示地理数据或时间分布（如教室座位使用频率）。

箱线图（Box Plot）：展示数据分布范围（最大值、最小值、中位数），适用于统计数学。

（三）数据图表的选择原则与常见误区

选择图表的核心原则

- **匹配教学目标**

若需对比数值，优先选择柱状图。若展示趋势，选择折线图。若强调比例，选择饼图或柱状图。

- **适应学生认知水平**

低年级学生：优先使用颜色鲜明、结构简单的图表（如柱状图、饼图等）。

高年级学生：可引入散点图、雷达图等复杂图表，培养高阶思维能力。

- **注重图表可读性：**

避免信息过载，删除无关网格线或装饰元素。

使用清晰字体，确保文字在投影或打印后仍可辨识。

常见误区与改进建议

- **误区 1：图表类型与数据类型不匹配**

问题：用饼图展示时间序列数据，导致信息传达混乱。

改进：时间相关数据优先使用折线图或柱状图。

- **误区 2：过度干扰核心信息**

问题：添加 3D 效果、渐变颜色等装饰，分散学生注意力。

改进：采用扁平化设计，突出设计本身。

- **误区 3：忽略数据准确性**

问题：坐标轴刻度不统一（如截断纵轴，即纵轴不从 0 而从其他值开始），误导数据对比。

改进：确保坐标轴从零开始，或者明确标注截断范围。

（四）教学实践建议

- 分阶段引导学生掌握图表技能。

低年级：以“读图”为主，通过提问引导学生描述图表内容（如“柱状图中哪根柱子最高？”）。

高年级：逐步教授“制图”方法，让学生尝试用 GAI 工具生成简单图表。

- 将图表融入跨学科项目。
- 利用 GAI 生成差异化教学资源。如为学习困难学生生成简化版图表（减少数据类别）为学有余力的学生提供扩展分析任务。

（五）GAI 破解数据图表教学三大核心价值

突破技术操作限制，释放教学核心价值。通过自然语言交互，学生无须掌握复杂软件操作即可快速生成专业图表，教师得以将课堂重心从“如何画图”

转向“如何分析”，解决以往 80% 课堂时间耗费在技术细节上而忽视思维培养的普遍问题。

促进抽象概念具象化，激活数据思维培养。AI 动态生成的多维可视化图表，能将抽象的数学关系、科学规律转化为直观的动态图像，帮助学生跨越认知障碍，在观察数据变化、对比图表差异的过程中，逐步建立“用数据说话”的逻辑分析能力。

推动教育资源均衡化与教学个性化。AI 工具打破专业软件依赖，使偏远地区学校也能便捷开展数据教学；同时支持智能分层，针对不同学生自动调节图表复杂度，配合多模态呈现方式，让每个学生都能在“最近发展区”内获得适配的学习支持，切实推进因材施教。

这三大核心价值正重构数据素养教育的底层逻辑，使图表教学从技能训练升维为思维培养的关键载体。

二、GAI 生成数据图表的核心环节

GAI 在数据图表生成领域的应用，正逐渐改变着人们处理数据可视化的方式。其背后的核心原理是多技术的融合与协同作用，主要包括自然语言理解（NLU）和数据可视化技术，通过精准理解用户需求、智能处理数据及优化图表设计，实现高效、高质量的图表生成。

（一）自然语言理解（NLU）

自然语言理解是 GAI 生成数据图表的关键环节之一。它赋予 GAI 系统能够解析用户输入的文本指令的能力，从而提取出其中的关键信息，例如数据类型、图表类型及设计需求等。当用户以自然语言形式输入指令时，GAI 会迅速对文本进行分析，识别出与图表生成相关的关键词和短语。例如，用户输入“生成一个展示班级学生数学成绩分布的柱状图”，GAI 就会准确提取出“数学成绩”“柱状图”等关键词，并深入理解用户希望通过柱状图展示班级学生数学成绩分布这一需求。这种对自然语言的精准理解，使得用户无须具备专业

的图表制作知识和技能，只要用日常语言描述需求，就能让 GAI 明白其意图，大大降低了数据图表生成的门槛，提高了用户的使用便利性。

（二）数据识别与处理

在理解了用户需求之后，GAI 面临的下一个重要任务就是数据识别与处理。GAI 具备强大的数据识别能力，能够处理多种格式的数据，如常见的 Excel 表格、CSV 文件，或者用户手动输入的数据。它会自动对数据进行清洗和格式化处理，确保数据的准确性和规范性，为后续的图表生成奠定基础。例如，用户上传一个包含学生姓名和成绩的表格，GAI 会迅速识别出"姓名"列为类别数据，"成绩"列为数值数据，并根据这些信息生成对应的柱状图。这一过程不仅节省了用户手动整理和处理数据的时间，还避免了因数据格式问题导致的图表生成错误，提高了图表生成的效率和准确性。

（三）图表类型选择与设计优化

根据数据特征和用户需求，GAI 会自动选择最适合的图表类型并进行设计优化。这是 GAI 生成高质量图表的重要环节。GAI 系统内置了丰富的图表类型知识和设计原则，能够根据不同的数据类型和分析目的，智能推荐合适的图表类型。例如，对于时间序列数据，GAI 会优先选择折线图，因为折线图能够清晰地展示数据随时间的变化趋势；对于比例数据，GAI 会选择饼图或堆叠柱状图，以直观地呈现各部分在整体中所占的比例。在选择好图表类型后，GAI 还会对图表进行设计优化，包括调整颜色、添加标签、优化布局等。通过合理的颜色搭配，使图表更加美观、易读；添加清晰的标签，帮助用户准确理解图表中的数据；优化布局，确保图表元素的合理分布，避免拥挤或混乱。这些设计优化措施，使得生成的图表不仅具有准确的数据表达，还具备良好的视觉效果，能够更好地传达信息。

（四）自动化生成与交互式调整

GAI 的自动化生成与交互式调整功能，为用户提供了高效且灵活的图表制作体验。GAI 能够快速生成图表，满足用户对效率的需求。同时，它还支持用户通过自然语言指令进行调整，使用户能够根据自己的喜好和需求，对图表进行个性化定制。例如，用户输入“将柱状图改为折线图”，GAI 会立即自动调整图表类型，并重新生成符合用户要求的折线图；用户输入“添加数据标签”，GAI 会在图表中相应位置添加清晰的数据标签，增强图表的信息表达能力。这种交互式调整功能，不仅提高了用户的参与度，还使得图表能够更好地满足用户的个性化需求，进一步提升了 GAI 生成数据图表的实用性和灵活性。

三、GAI 在数据图表生成中的实践运用及其利弊

（一）GAI 生成数据图表的工具与平台

Microsoft Excel + ChatGPT 插件

功能特点：

通过 ChatGPT 插件，用户可以直接在 Excel 中输入自然语言指令并生成图表。这种结合方式充分利用了 Excel 强大的数据处理能力和 ChatGPT 的自然语言理解能力，为用户提供了一种便捷的图表生成方式。用户无须离开 Excel 环境，就可以利用自然语言指令快速生成所需的图表，提高了工作效率。

使用方法：

第一步，用户需要安装 ChatGPT 插件并登录账号。安装过程简单便捷，按照提示操作即可完成。

第二步，登录账号后，用户在 Excel 中输入指令，例如“生成一个柱状图展示 A 列和 B 列的数据”，ChatGPT 插件会自动识别指令中的关键信息，并根据 A 列和 B 列的数据生成相应的柱状图。

第三步，生成的图表会直接插入 Excel 工作表，用户可以对其进行进一步的编辑和调整，满足自己的需求。

Google Sheets + GPT-4 集成

功能特点：

通过 GPT - 4 集成，用户可在 Google Sheets 中利用自然语言生成和调整图表。GPT - 4 的强大自然语言处理能力与 Google Sheets 的数据管理功能相结合，为用户提供了一种高效、智能的图表生成体验。用户可以在 Google Sheets 中方便地输入自然语言指令，生成各种类型的图表，并根据需要进行调整和优化。

使用方法：

第一步，在 Google Sheets 中启用 GPT - 4 插件。

第二步，启用插件后，用户输入指令，如 “生成一个折线图展示 C 列和 D 列的数据”，GPT - 4 会自动分析指令中的数据列和图表类型要求，根据 C 列和 D 列的数据生成折线图。

第三步，生成的图表会插入 Google Sheets 工作表，用户可以直观地查看图表，并根据实际情况对图表进行调整和优化，如修改图表标题、调整坐标轴标签等。

在线 GAI 图表生成平台（如 ChatGPT、办公小浣熊、Graph Maker）

功能特点：

在线 GAI 图表生成平台提供一站式图表生成服务，支持多种图表类型和设计优化。这些平台通常具有简洁易用的界面，用户无须安装任何软件，只要在浏览器中登录平台即可使用。平台内置了丰富的图表模板和设计工具，用户可以根据自己的需求选择合适的图表类型并进行个性化的设计优化，如调整颜色、添加标签、设置布局等。同时，在线平台还支持在线调整和导出图表，方便用户随时随地进行图表制作和分享。

使用方法：

第一步，用户登录在线 GAI 图表生成平台，然后上传数据文件。平台支持多种数据格式的上传，如 Excel、CSV 等。

第二步，上传数据后，用户输入指令，例如“生成一个饼图展示数据比例”，平台会自动识别数据并根据指令生成相应的饼图。用户可以在平台上对生成的图表进行在线调整，如修改图表颜色、添加数据标签等，直到满意为止。

第三步，用户可以将图表导出为所需的格式，如图片格式（PNG、JPG）

或可编辑文件格式（PDF、PPT），用于各种应用场景。

编程工具（如 Python + GPT API ）

功能特点：

通过调用 GPT API，用户可在 Python 中实现自动化图表生成。Python 是一种广泛使用的编程语言，具有丰富的数据处理和可视化库。结合 GPT API，用户可以编写 Python 脚本，利用 GPT 的自然语言理解和图表生成能力，实现自动化图表生成。这种方式适合具有一定编程基础的用户，能够满足用户对图表生成的个性化需求，实现更复杂、更灵活的图表制作。

使用方法：

第一步，用户需要安装 Python 库，如 matplotlib、seaborn 等，这些库提供了丰富的数据可视化功能。

第二步，用户调用 GPT API，编写脚本生成图表。例如，用户可以编写脚本 “生成一个散点图展示 X 和 Y 的相关性”，在脚本中指定数据来源、图表类型等参数。运行脚本后，Python 会根据 GPT API 的指令和数据，生成相应的散点图。

第三步，用户可以对生成的图表进行进一步的编辑和调整，如修改图表样式、添加注释等。

第四步：将图表导出为所需的格式，用于数据分析、报告撰写等应用场景。

（二）GAI 生成数据图表的优势与局限性

优势

高效便捷

GAI 生成数据图表的最大优势之一就是高效便捷。它能够大幅缩短图表制作时间，降低技术门槛。传统的图表制作需要用户具备一定的软件操作技能，如 Excel、PowerPoint 等，而且制作过程较为烦琐。而 GAI 通过自然语言理解技术，让用户只需用简单的语言描述需求，就能快速生成所需的图表。这使得即使是没有专业图表制作技能的用户，也能够轻松地制作出高质量的图表，提高了工作效率。

智能优化

GAI 具备智能优化功能，能够自动选择最佳图表类型，优化设计细节。它能够根据数据特征和用户需求，智能推荐最适合的图表类型，避免了用户因选择不当而导致的信息传达不准确的问题。同时，GAI 还会对图表进行设计优化，如调整颜色、添加标签、优化布局等，使图表更加美观、易读。这种智能优化功能，不仅提高了图表的质量，还节省了用户手动调整图表的时间和精力。

交互性强

GAI 生成数据图表的交互性强，支持自然语言指令调整，满足个性化需求。用户可以通过自然语言指令对生成的图表进行实时调整，如修改图表类型、调整颜色、添加数据标签等。这种交互式调整方式，让用户能够根据自己的喜好和需求，对图表进行个性化定制，使图表更好地满足自己的需求。同时，交互性强的特点也提高了用户的参与度和使用体验，让用户在图表制作过程中更加得心应手。

局限性

数据依赖性

GAI 生成数据图表的结果依赖于输入数据的质量和完整性。如果输入的数据存在错误、缺失或不规范的情况，生成的图表可能会出现错误或不准确的情况。因此，用户在使用 GAI 生成数据图表时，需要确保输入数据的质量和完整性，以保证生成图表的准确性和可靠性。

设计局限性

虽然 GAI 能够进行一定程度的设计优化，但对于部分复杂设计需求，可能无法完全满足。例如，对于一些需要特殊艺术效果或高度个性化设计的图表，GAI 可能无法达到用户期望的效果。在这种情况下，用户可能需要借助专业的图表设计软件或工具进行手动设计和调整，以满足复杂的设计需求。

技术门槛

部分 GAI 生成数据图表的工具需要一定的技术基础，如编程工具（Python + GPT API）。对于没有编程经验的用户来说，使用这些工具可能会存在一定的困难。这些用户需要花费一定的时间和精力学习编程知识和技能，才能熟练使用这些工具。因此，对于非技术用户来说，选择一些简单易用的在线 GAI 图表生成平台可能更为合适。

综合案例 7：用办公小浣熊生成小学数学柱状图

以人教版 2022 版四年级上册数学课本中的某页“做一做”为例，如图 4-1 所示。

做一做

下面是某商场一周的电视机销售情况统计表。

星期	一	二	三	四	五	六	日
销售量 / 台	15	10	20	25	30	50	45

图 4-1　案例示意图

步骤 1：明确需求并准备数据

首先我们要明确想要生成什么样的图表，也就是需求决定了这个图表的用途与目标。我们需要考虑希望通过图表去展示什么样的信息，达到怎样的效果。例如，教师需要生成一个展示“商场一周的电视机销量”的柱状图，其目的就是为了直观地呈现商场里电视机每天销量的差异和分布情况，以便更好地了解售卖状况，为后续的销售提供参考。在明确需求之后，我们要准备好要做处理的数据，同时，要保证数据的格式规范，以便于 GAI 可以正常识别和处理。在本例中，教师可以准备一个包含时间和销量的 Excel 表格，表格中第一行为日期，第二行为当天的销售数量。这样的数据格式清晰、规范，便于 GAI 进行数据识别和图表生成。

步骤 2：输入指令或上传数据

在数据准备好之后，我们可以将数据以指令的方式直接输入 GAI，通过自然语言描述需求，让 GAI 明白自己需要生成怎样的图表，在指令中明确指出需求的图表类型、数据范围等相关信息。或是将数据存储在 Excel 表格中，以文件形式将数据上传至 GAI。例如，教师可以将包含日期和电视机销量的 Excel 表格上传至 GAI，让 GAI 能够获取到具体的数据，为后续的图表生成提供数据基础。

输入指令方式如图 4-2 所示。

生成一个展示这商场本周电视销量的柱状图，周一售15台，周二售10台，周三售20台，周四售25台，周五售30台，周六售50台，周日售45台

图 4-2　指令示意图

上传数据方式如图 4-3 所示。

	A	B	C	D	E	F	G	H
1	星期	一	二	三	四	五	六	日
2	销售量/台	15	10	20	25	30	50	45

图 4-3　数据表示意图

步骤 3：GAI 自动生成图表

当 GAI 接收到用户的需求指令和数据后，会自动进行数据识别和图表生成。GAI 会自动识别数据中的类别和数值，例如在上述步骤中，GAI 会识别出“星期”行为时间数据，“销售量 / 台”行为数值数据，并根据用户需求选择适合的图表类型，即柱状图。然后，GAI 会根据数据生成初步图表并进行设计优化。它会调整颜色，使图表更加美观；添加标题，如“商场本周电视销量统计”，让用户能够一眼看出图表的主题；设置坐标轴，明确横轴为时间，纵轴为电视销量，方便用户准确解读图表中的数据。如图 4-4 所示，通过这一系列的自动化操作，GAI 能够快速生成一个符合用户需求的初步图表。

步骤 4：交互式调整与优化

在生成初步图表后，我们可以根据自己的需求和喜好，在平台中使用其自带的交互式工具对图表进行进一步的优化，或者通过指令修改图表类型。

比如教师输入“将柱状图改为折线图”，GAI 会自动调整图表类型，将柱状图转换为折线图，展示销量随时间的变化趋势，如图 4-5 所示。

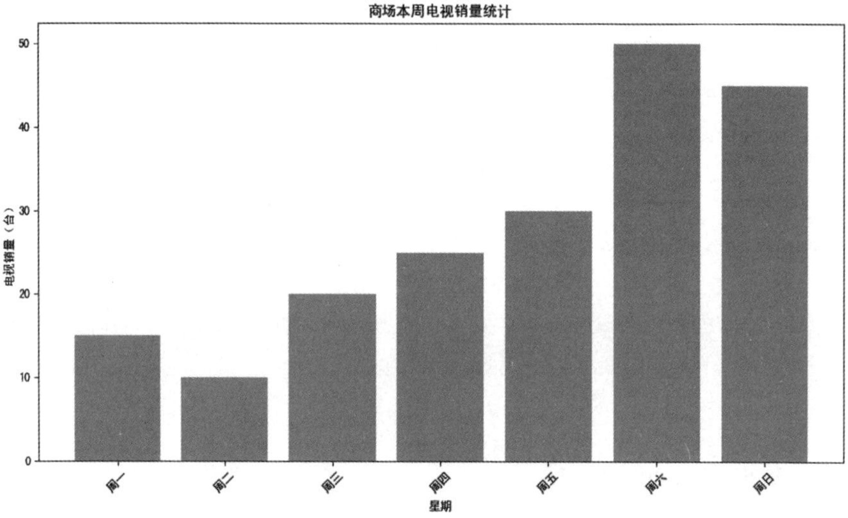

图 4-4　商场本周电视销量统计柱状图（1）

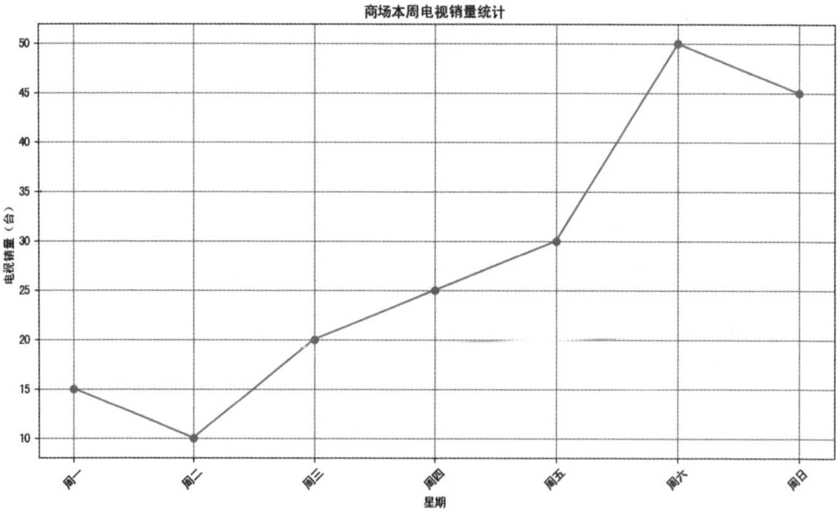

图 4-5　商场本周电视销量统计折线图

用户还可以通过指令调整图表设计，如“将颜色改为紫色”，GAI 会自动将图表中的颜色调整为紫色，满足用户对图表美观度的要求。

“添加数据标签”，GAI 会在图表中的相应位置添加数据标签，使图表中的数据更加清晰明了，如图 4-6 所示。

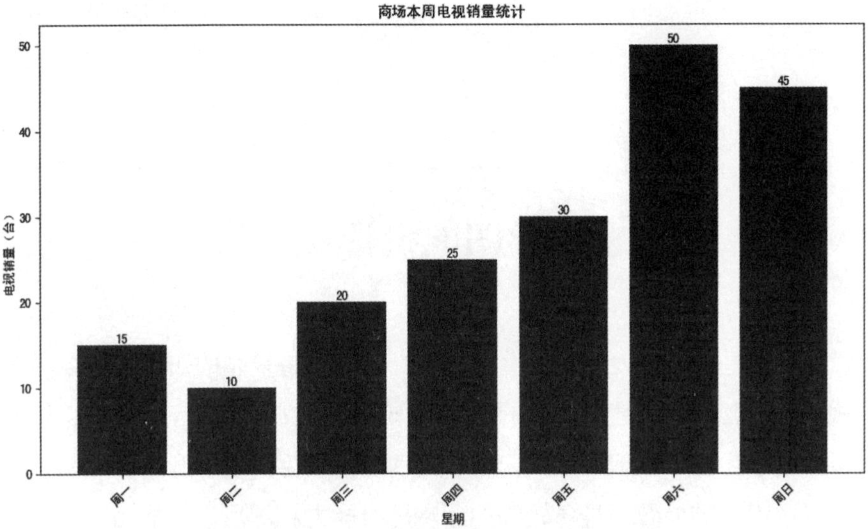

图 4-6　商场本周电视销量统计柱状图（2）

此外，用户还可以通过指令添加注释或说明，如“在最高销量处添加注释‘优秀’”，GAI 会自动在最高销量的位置添加“优秀”注释，突出显示是哪一天销量最为优秀，如图 4-7 所示。

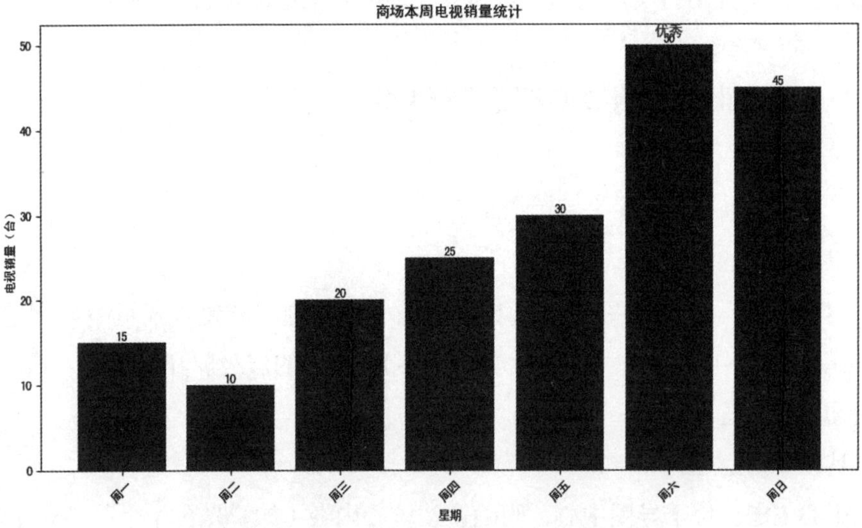

图 4-7　商场本周电视销量统计柱状图（3）

通过这些交互式调整，用户能够对图表进行个性化定制，使其更好地满足自己的需求。

第二节
思维导图的设计应用

思维导图是一个强大的知识整理工具，它能够将复杂的知识结构以图形化的方式呈现，帮助学生建立清晰的知识框架。在语文、历史等学科中，思维导图可以帮助学生更好地理解课文内容、梳理历史事件的发展脉络。然而，传统的思维导图设计需要教师具备较强的逻辑思维能力和图形设计能力，这对于部分教师来说可能是一个挑战。GAI 的出现为这一问题提供了解决方案。通过 GAI，教师只需输入主题或关键词，即可自动生成结构清晰、内容丰富的思维导图。例如，在初中语文教学中，教师可以利用 GAI 生成课文内容的思维导图，帮助学生快速掌握文章的主旨和结构。本节将详细介绍 GAI 生成思维导图的方法与技巧，并结合实际案例，探讨其在教学中的应用场景。

一、思维导图的核心概念与功能

（一）思维导图的定义与历史发展

思维导图的定义

定义解析：思维导图（Mind Map）是一种通过图形化方式组织和表达信息的工具，以中心主题为核心，通过分支和关键词的层级展开，模拟人脑的放射性思维过程。

其核心特点包括：

中心主题。位于导图中心，明确表达核心内容（如“光合作用”“《背影》

课文分析”）。

分支结构。从中心主题延伸出的分支，代表不同维度的子主题（如“光合作用的步骤”“《背影》人物分析”）。

关键词与图像。用简短的文字和图标代替冗长描述，增强记忆与联想。

颜色与线条。通过色彩区分不同分支，线条粗细和形状体现逻辑层级。

思维导图的历史发展

起源。思维导图概念由英国心理学家托尼·博赞（Tony Buzan）于 20 世纪 70 年代提出，旨在帮助人们更高效地记录和整理思维。

教育领域的应用。21 世纪初，思维导图逐渐被引入课堂教学，成为知识梳理、复习备考和创意发散的工具。

技术赋能。随着 GAI 技术的普及，思维导图从手工绘制转向智能化生成，支持动态调整和跨平台协作。

（二）思维导图的核心要素与设计原则

核心要素

中心节点。必须清晰明确，避免模糊或过于宽泛（如“生物”过于笼统，“七年级生物：细胞结构”更具体）。

分支层级（层次关系划分）：

一级分支。围绕中心主题的核心维度（如“细胞膜”“细胞质”“细胞核”）。

次级分支。对一级分支的细化（如“细胞核→染色体→ DNA”）。

关键词提炼。每个分支使用 1~3 个关键词，避免长句（如用“功能”代替“细胞膜的主要功能是控制物质进出”）。

视觉元素（如颜色、图标、符号等）：

颜色编码。用不同颜色区分分支类别（如红色表示“结构”，蓝色表示“功能”）。

图标与符号：添加箭头、感叹号等符号强调重点（如用“⚠”标记易错知识点）。

设计原则

放射性结构：所有分支从中心向外延伸，符合人脑的联想模式。

层级分明：主次分支清晰，避免交叉混乱（如避免将“细胞膜功能”与“细胞核结构”放在同一层级）。

视觉平衡：分支长度和密度均匀分布，确保导图美观易读。

个性化表达：根据学科特点调整风格（如文科导图可增加插图，理科导图注重逻辑符号）。

（三）思维导图的功能和教育价值

核心功能

知识梳理与整合。将零散知识点串联成体系（如将语文课文分解为“人物、情节、主题、修辞”四大分支）。

示例：初中历史课上，用思维导图梳理“辛亥革命”的背景、过程与影响。

思维发散与创意激发。通过自由联想拓展思路（如围绕“环境保护”延伸出“污染类型”“解决方案”“国际案例”等分支）

示例：小学作文课上，学生用思维导图展开“我的梦想”主题，激发写作灵感。

逻辑强化与记忆提升。通过层级结构强化知识点间的逻辑关系（如数学公式推导步骤的可视化）。

示例：高中生物复习中用思维导图记忆“遗传规律”的复杂关系。

教育价值

对学生的作用：

降低认知负荷。将抽象知识转化为图形，减少文字阅读压力（尤其适合低年级学生）。

培养结构化思维。帮助学生建立“整体—局部”的思考习惯。

提升自主学习能力。学生可独立使用思维导图整理笔记或复习知识。

对教师的作用：

优化教学设计。用思维导图规划课堂内容，确保教学逻辑清晰。

差异化教学支持。为不同学生生成个性化导图（如简化版供学困生使用）。

课堂互动工具。通过思维导图引导学生讨论或小组合作。

（四）思维导图的常见误区与改进策略

误区 1：内容过于冗杂。

问题：分支过多或关键词过长，导致思维导图难以阅读。

改进：遵循“MECE”（Mutually、Exclusive、Collectively、Exhaustive）原则，确保分支既不重复也不遗漏。

误区 2：逻辑混乱。

问题：分支层级不清晰，交叉关联未标注。

改进：使用箭头、虚线等符号明确逻辑关系（如因果、对比、递进）。

误区 3：忽视视觉设计。

问题：黑白单调或配色刺眼，降低导图吸引力。

改进：采用柔和配色，并为重点内容添加高亮图标。

误区 4：过度依赖 GAI 生成。

问题：直接使用 GAI 生成的思维导图而未根据学情调整。

改进：教师需结合学生反馈，手动优化分支结构或补充案例。

（五）GAI 赋能思维导图设计的未来趋势

跨学科融合。GAI 可自动关联不同学科知识（如将历史事件与文学作品结合生成对比思维导图）。

动态交互思维导图。支持点击分支展开详细内容（如嵌入视频、超链接）。

个性化学习路径。根据学生掌握程度，GAI 生成差异化复习思维导图。

课堂实时协作。多名学生通过 GAI 平台共同编辑同一份思维导图，促进小组学习。

（六）GAI 重塑思维导图教育新范式

突破思维碎片化困局，重塑逻辑建构能力。 GAI 通过智能纠偏、结构优化与多版本对比，将零散思维转化为体系化认知框架，解决学生逻辑断层、分类混乱等普遍问题，使思维导图从“知识罗列工具”升维为“系统思考脚手架”。

变革单向灌输模式，激活创新思维潜能。 动态生成的个性化思维起点、实时扩展的跨学科关联提示，以及三维度量化评估体系，打破模板化教学桎梏，使思维训练从“形式复制”转向“创造迁移”，显著提升批判性思维与创新意识。

消弭教育资源鸿沟，实现思维发展平权。 方言交互、轻量化协作引擎及特殊教育适配模式，让城乡学生、不同认知特质群体都能获得精准的思维发展支持，从根本上改变传统思维教育“重技巧轻本质”“强统一弱个性”的失衡状态。

这三重突破正重新定义思维导图的教育价值，使其成为核心素养时代不可或缺的认知进化引擎。

二、GAI 生成思维导图的核心环节

（一）自然语言理解

自然语言理解是 GAI 生成思维导图的起点，赋予机器对人类语言的精准解析能力。当用户输入文本指令时，GAI 能够迅速提取核心主题与关键词，深入理解用户需求。例如，用户输入“生成《红楼梦》人物关系思维导图”，GAI 准确抓取“《红楼梦》”“人物关系”等关键信息，明确用户意图是梳理这部经典文学作品中复杂的人物关联网络。这一过程涉及复杂的语言模型运算，通过对海量文本数据的学习，GAI 能够识别不同词汇、语句背后的语义逻辑，将自然语言转化为机器可处理的结构化信息，为后续的思维导图生成奠定基础。

（二）知识图谱构建

基于知识库或网络数据，GAI 自动构建与主题相关的知识网络，形成思维导图的层级分支架构。以生成“光合作用”思维导图为例，GAI 会自动关联“光反应”“暗反应”“叶绿体结构”等子主题，构建出一个系统、全面的知识体系。

它从海量数据中提取关键知识点，梳理知识点之间的逻辑关系，如因果关系、并列关系、从属关系等，将零散的知识碎片整合为一张有机相连的网络图。这一过程依赖于先进的知识图谱构建技术，通过实体识别、关系抽取等算法，精准地确定不同概念之间的关联，确保思维导图内容的准确性和完整性。

（三）视觉设计

在内容架构搭建完成后，GAI 根据内容自动选择配色方案、图标素材，并优化分支布局，提升思维导图的视觉效果与可读性。生成历史事件导图时，GAI 为不同朝代分配不同颜色，添加时间轴图标，使用户能够快速区分各个时期，直观地把握历史脉络。它会综合考虑色彩搭配的美学原则、图标与内容的契合度及布局的合理性，通过智能算法生成美观、清晰的思维导图样式。例如，对于科技主题的思维导图，可能会选择冷色调的配色方案，搭配简洁的线条和几何图标，营造出科技感；而对于文化艺术主题的思维导图，则可能采用暖色调的配色方案，搭配丰富的装饰性图标，展现艺术氛围。

（四）动态交互

GAI 生成的思维导图并非一成不变，用户可通过自然语言指令实时修改思维导图。如教师输入“在《孔乙己》思维导图中添加‘社会背景分析’”，GAI 能迅速自动扩展分支并调整布局，重新优化导图结构，以适应新的添加内容。这一动态交互功能是基于强大的实时运算能力的，GAI 能够快速理解用户的新指令，对已生成的思维导图进行局部或整体的修改，确保思维导图始终符合用户的需求。用户可以随时根据教学进度、个人思考或团队协作的需要，对思维导图进行增删、调整，使思维导图成为灵活、动态的知识展示工具。

三、GAI 在思维导图中的综合运用及其利弊

（一）GAI 生成思维导图的工具与平台

XMind +ChatGPT 插件

功能特点：

通过 ChatGPT 插件，用户可直接在 XMind 中输入自然语言指令生成思维导图，实现思维导图绘制软件与先进人工智能技术的无缝对接。XMind 本身具备强大的思维导图编辑功能，结合 ChatGPT 的自然语言理解与生成能力，用户能够高效地创建个性化思维导图。

使用方法：

第一步，首先下载 XMind、安装 ChatGPT 插件并登录账号。

第二步，在 XMind 中输入指令，如“生成《红楼梦》人物关系思维导图”，ChatGPT 即可自动生成导图并插入 XMind 。

第三步，用户可以进一步对思维导图进行细化、调整，充分发挥 XMind 的编辑优势，打造专属的思维导图作品。

MindManager ＋ GPT-4 集成

功能特点：

借助 GPT - 4 集成，用户可以在 MindManager 中利用自然语言生成和调整思维导图。MindManager 作为专业的思维导图软件，功能丰富、界面友好，与 GPT - 4 的结合进一步提升了其智能化水平，使用户能够通过简单的语言指令完成复杂的思维导图制作任务。

使用方法：

第一步，下载 GPT – 4 插件，并在 MindManager 中启用 GPT - 4 插件。

第二步，用户输入指令，如“生成‘光合作用’思维导图”，GPT - 4 会自动生成思维导图并插入 MindManager。

第三步，用户可以在 MindManager 中对思维导图进行个性化编辑，如调整布局、添加链接、插入图片等，充分发挥软件的专业优势，制作高质量的思维导图。

在线 GAI 思维导图生成平台（如 MindMeister、ProcessON、博思白板）

功能特点：

在线 GAI 思维导图生成平台提供一站式思维导图生成服务，支持多种思维导图类型和设计优化。用户无须安装任何软件，只要在浏览器中登录平台，即可使用平台提供的丰富功能。这些平台通常具备简洁易用的界面、强大的协作功能以及多样化的模板库，满足不同用户群体的需求。

使用方法：

第一步，用户登录在线 GAI 思维导图生成平台，然后上传文件或输入指令。平台支持多种数据格式的文件上传，如 .docx、.pdf 等。

第二步，输入指令，如“生成‘第二次世界大战’思维导图”，平台会自动生成思维导图并支持在线调整和导出。

第三步，用户可以在平台上实时编辑思维导图，与团队成员协作，共同完善思维导图内容，还可以将思维导图分享至社交媒体或学习平台，实现知识的共享与传播。

编程工具（如 Python + GPT API）

功能特点：

通过调用 GPT API，用户可以在 Python 中实现自动化思维导图生成。这适合具有一定编程基础的用户。Python 拥有丰富的数据处理和可视化库，结合 GPT API 的自然语言处理能力，用户能够灵活地定制思维导图生成流程，实现个性化的思维导图制作需求。

使用方法：

第一步，安装 Python 库，如 networkx、matplotlib 等。

第二步，调用 GPT API，编写脚本生成思维导图，如“生成‘细胞结构’思维导图”。在脚本中，用户可以自定义思维导图的结构、样式、布局等参数，通过编程实现对思维导图的精细控制，满足专业领域的复杂思维导图制作需求。

第三步，运行脚本后，即可生成思维导图。导出所需格式的文件，用于科研、教学、数据分析等场景。

（二）GAI 生成思维导图的优势与局限性

优势

高效便捷

GAI 生成思维导图能够减少思维导图制作时间，降低技术门槛。传统思维导图制作需要耗费大量时间在绘制框架、设计样式等方面，而 GAI 通过自动化生成，几分钟内即可完成一张结构合理、设计美观的思维导图，让教师和学生能够将更多精力聚焦于知识内容本身，提高教学与学习效率。

智能优化

自动选择最佳分支结构，优化设计细节。GAI 依托先进的算法和海量数据，能够根据内容特点，智能生成逻辑清晰、层次分明的分支结构，同时在配色、图标、布局等方面进行优化，使思维导图在视觉效果和信息传达上达到最佳状态，提升思维导图的质量与实用性。

交互性强

支持自然语言指令调整，满足个性化需求。用户可以随时通过简单的语言指令对思维导图进行修改、完善，如添加分支、调整颜色、修改内容等，实现与思维导图的实时交互，让思维导图能够灵活适应不同教学场景，满足不同偏好。

局限性

内容依赖性

生成结果依赖输入内容的完整性和准确性。如果输入的文本信息不全面、存在错误或表述模糊，则 GAI 生成的思维导图可能会出现内容缺失、逻辑混乱或信息错误等问题，影响思维导图的质量和教学效果。因此，在使用 GAI 生成思维导图时，应确保输入内容的可靠性和准确性。

设计局限性

部分复杂设计需求可能无法完全满足。尽管 GAI 能够进行一定程度的设计优化，但对于一些高度个性化、具有特殊创意的设计要求，如独特的图形元素、复杂的布局样式等，可能无法完全实现，仍需用户手动进行调整和完善，或借助其他专业设计工具辅助完成。

技术门槛

部分工具需要一定的技术基础，如 Python 编程。对于非技术背景的教师和学生来说，使用编程工具生成思维导图可能存在一定困难，需要花费时间学习相关编程知识，这在一定程度上限制了这类工具的普及和应用。

（三）教学实践建议

分阶段教学

- **低年级**

以教师生成思维导图为主，引导学生读图并补充关键词。在低年级教学中，学生的思维能力和认知水平尚在发展阶段，教师可以利用 GAI 生成思维导图，将知识点以直观、形象的方式呈现给学生，引导学生观察思维导图结构，理解知识之间的联系，鼓励学生补充简单的关键词，培养学生的思维能力和表达能力。

- **高年级**

教授学生使用 GAI 工具独立生成思维导图。随着学生年级的升高，其思维能力和自主学习能力逐渐增强，教师可以适时教授学生使用 GAI 工具生成思维导图，让学生在实践中掌握思维导图的制作方法，培养学生的自主探究能力、信息整合能力和创新思维能力，促进学生的深度学习。

跨学科整合

将思维导图应用于项目式学习，如“校园植物调查”项目，整合生物、地理、美术知识。在项目式学习中，学生可以利用思维导图梳理项目流程、整合多学科知识，如在“校园植物调查”项目中，通过思维导图展示植物的分类（生物知识）、校园植物分布（地理知识）、植物绘画与摄影（美术知识）等内容，实现跨学科知识的融合与应用，培养学生的综合素养和解决实际问题的能力。

评价与反馈

制定思维导图评价标准（如逻辑性、完整性、美观度），鼓励学生互评。教师可以与学生共同制定思维导图的评价标准，从逻辑性、完整性、美观度等多个维度对思维导图进行评价，组织学生开展互评活动，让学生在评价过程中相互学习、相互启发，提高学生的批判性思维能力和审美能力，同时促进学生对思维导图制作的深入理解。

综合案例 8：GAI 生成初中语文课文思维导图（以博思白板为例）

步骤 1：明确需求与准备内容

明确需求是生成思维导图的首要环节，需确定思维导图的目标和用途，如知识梳理、复习备考、创意发散等。例如，教师需要生成一个展示“《背影》课文分析”的思维导图，其目标是帮助学生深入理解课文内容，梳理文章结构与主题思想。准备内容方面，教师要整理相关知识点或文本材料，如《背影》课文原文及教学重点，包括人物分析、情感表达、写作手法等，为 GAI 提供充足的信息源，确保生成的思维导图内容详实。

步骤 2：输入指令或上传文本内容

输入指令时，用户通过自然语言描述需求，如教师输入“生成《背影》课文分析思维导图，包含人物、情感、写作手法、主题思想”，清晰地向 GAI 传达思维导图的制作要求。同时，用户也可以直接上传文本内容，如教师上传《背影》课文原文及教学重点文档，让 GAI 从文本中提取信息，生成思维导图。这一过程要求用户准确、简洁地表达需求，以便 GAI 能够精准理解并生成符合预期的思维导图。

步骤 3：GAI 自动生成思维导图

主题识别。GAI 自动识别核心主题，如“《背影》课文分析”，并生成中心节点，作为整个思维导图的核心与起点。

分支构建。根据准备的内容，GAI 生成一级分支，如“人物”“情感”“写作手法”“主题思想”，并进一步细化次级分支。以“人物”分支为例，可细化为“父亲”“我”；“情感”分支可细化为“思念”“感动”等，构建出层次分明、逻辑清晰的思维导图架构，如图 4-8 所示。

视觉优化。GAI 自动选择配色方案、图标素材，并调整分支布局。如为“人物”分支分配紫色，为“情感”分支分配蓝色，使思维导图在视觉上更加吸引人，便于快速区分不同分支内容。

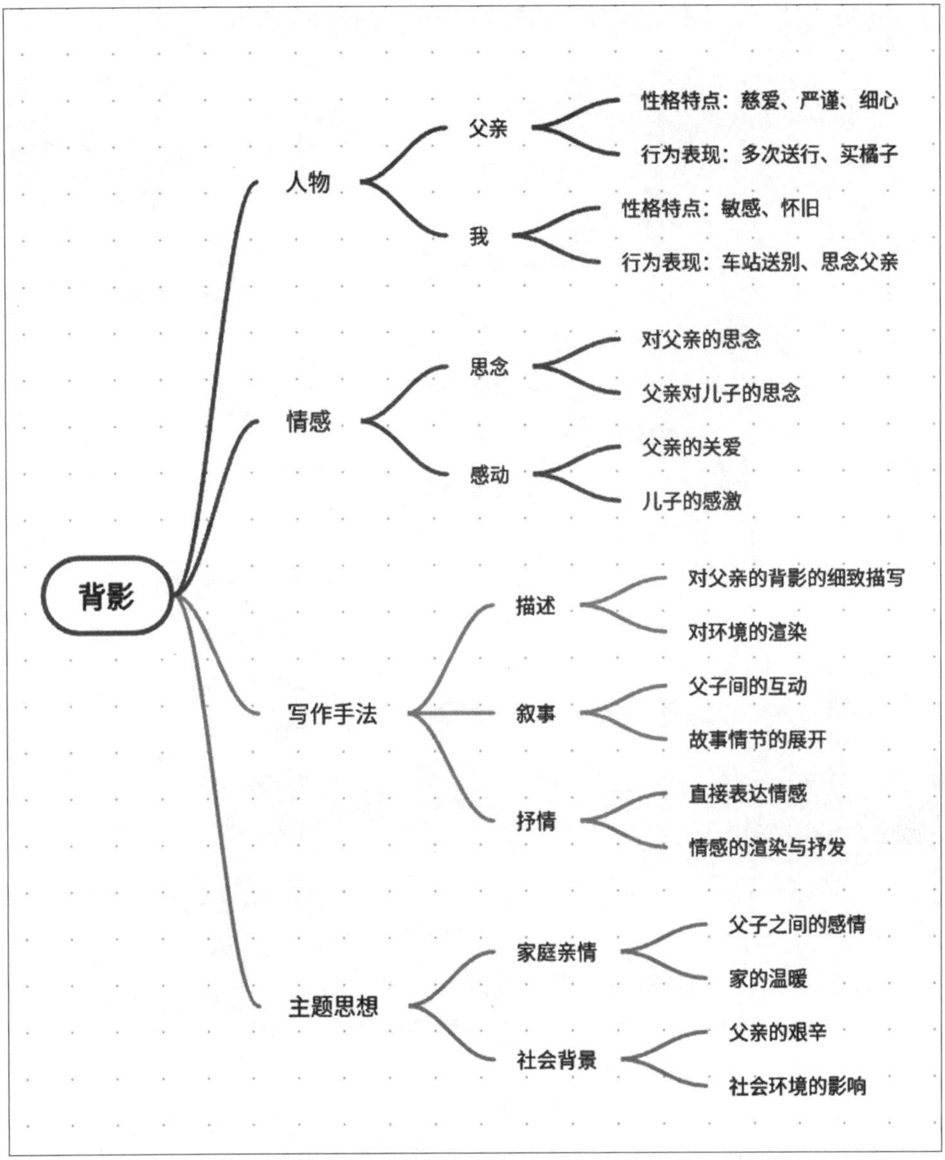

图 4-8　《背影》课文思维导图（1）

步骤 4：交互式调整与优化

调整分支结构。用户可通过指令修改分支结构，如教师输入“在‘主题思想’分支下添加‘社会背景分析’”，GAI 自动扩展分支结构，将新内容融入思维导图体系，完善思维导图的知识架构，如图 4-9 所示。

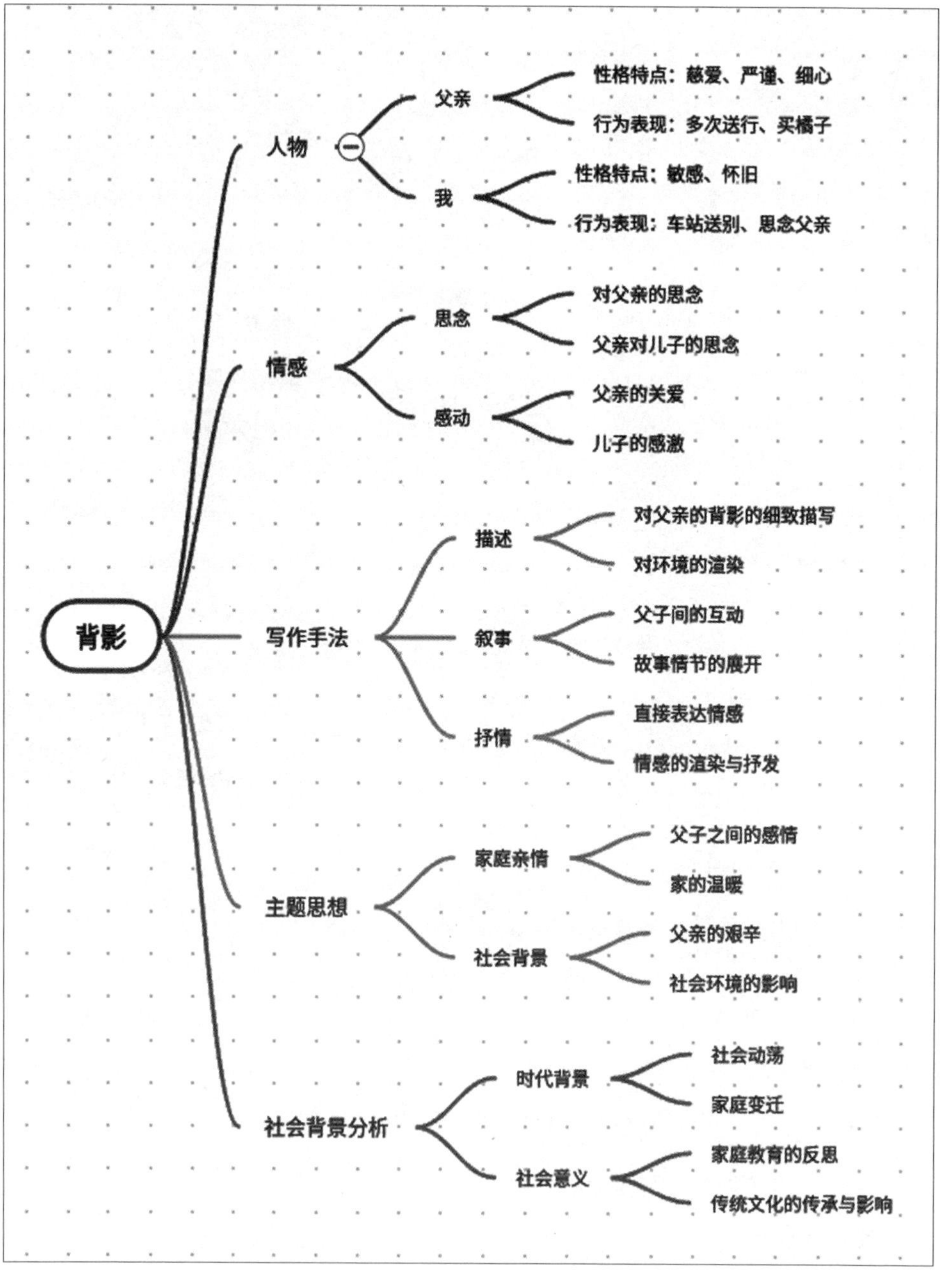

图 4-9 《背影》课文思维导图（2）

优化设计细节。用户可以调整设计细节，如“将‘情感’分支颜色改为粉色”，GAI 会立即执行指令，更新思维导图的配色方案，满足用户对思维导图美观度的个性化要求。

步骤 5：导出与分享思维导图

导出思维导图。将生成的思维导图导出为图片格式（如 PNG、JPG）或可编辑文件格式（如 PDF、PPT），以满足不同场景下的使用需求。例如，教师可以将思维导图导出为 PNG 图片，插入教学课件中，方便在课堂上展示，如图 4-10 所示。

图 4-10　思维导图可导出文件类型示意图

分享思维导图。将思维导图分享至教学平台或打印后用于课堂展示。教师可将思维导图上传至班级微信群，供学生课后复习，实现知识的共享与传播，促进学生自主学习与协作学习。

第三节 流程图的规划实践

流程图是教学中常用的工具，尤其是在科学实验、操作步骤讲解等场景中，它能够清晰地展示过程的各个环节，帮助学生更好地理解和掌握操作流程。然而，传统的流程图制作往往需要教师手动绘制图形、添加文字说明，这一过程既耗时又容易出错。借助 GAI，教师只需描述流程的基本步骤，即可自动生成规范的流程图。例如，在小学科学实验教学中，教师可以利用 GAI 生成实验操作的流程图，帮助学生清晰地了解实验的每一步操作。本节将通过具体案例，展示 GAI 在流程图制作中的实际应用，并分析其在提升教学效率方面的优势。

一、流程图的基本概念

（一）流程图的定义与核心要素

定义：

流程图是用标准化图形符号（如矩形、菱形、椭圆等）表示操作步骤、决策点及流程走向的图表。其核心目的是通过可视化手段，将复杂的过程简化为可理解的步骤序列。

核心要素：

- **图形符号**

开始 / 结束（椭圆）：表示流程的起点或终点。

操作步骤（矩形）：描述具体行动或任务（如“测量水温”“记录数据”）。

决策点（菱形）：表示判断或分支条件（如“温度是否超过 50℃”）。

箭头：指示流程走向，连接各个步骤。

输入 / 输出（平行四边形）：表示数据输入或结果输出（如“输入实验参数”“打印报告”）。

- **文字说明**

在符号内添加简洁描述，确保步骤清晰、易懂。

- **层级结构**

复杂流程可通过子流程（Sub-process）分层展示，避免图表过于密集。

（二）流程图在教学中的核心价值

简化复杂流程：将抽象的操作步骤转化为直观图形，降低学生理解难度。

示例：在小学科学实验“水的沸腾实验”中，用流程图展示“准备器材→加热→观察现象→记录数据”步骤。

培养逻辑思维：通过决策节点（如“是否达到沸点？”），引导学生思考条件判断与结果关联。

示例：在初中编程课上，用流程图讲解“判断一个数是否为偶数”的逻辑。

规范操作实践：明确步骤顺序和注意事项，减少操作错误。

示例：在化学实验“配置盐水溶液”中，用流程图展示“称量→溶解→搅拌→过滤”的规范流程。

促进跨学科学习：流程图可以用于科学、数学、信息技术、社会实践等多个学科。

示例：在语文课上，用流程图分析“议论文写作结构”（论点→论据→结论）。

（三）流程图的主要类型及适用场景

表 4-2 展示了各种适用场景下，不同类型流程图的特点及设计要点。

表 4-2　不同类型流程图总结表

流程图分类	特点	适用场景		设计要点
		学科应用	教学案例	
基本流程图（Basic Flowchart）	结构简单，仅包含核心步骤和决策点，适用于线性流程	科学实验步骤、数学解题流程、课堂活动指导	小学：展示“植物种植步骤”（松土→播种→浇水→观察）	1. 使用步骤不超过10个；2. 使用颜色区分不同环节（如绿色表示准备阶段，红色表示关键操作）
跨职能流程图（Swimlane Flowchart）	通过“泳道”（Swimlane）划分不同角色或部门的职责，展示多方协作流程	社会实践项目分工、团队实验任务分配、学校活动组织	初中：规划“校园环保活动”流程，划分“学生组”“教师组”“后勤组”职责	1. 明确标注每个“泳道”的责任主体；2. 使用虚线箭头表示跨部门协作
数据流程图（Data Flow Diagram，DFD）	聚焦数据在系统中的流动路径，展示输入、处理、存储和输出过程	信息技术课中的系统设计、数学建模中的数据传递分析	高中信息技术：分析“图书馆管理系统”的数据流程（借阅请求→数据库查询→结果返回）	1. 使用圆形表示“数据处理”，矩形表示“数据存储”；2. 箭头标注数据流动方向（顾客信息→会员数据库）
工艺流程图（Process Flow Diagram，PFD）	详细展示物理或化学过程的步骤，常用于科学与工程领域	化学实验流程、物理电路设计、生物生态系统分析	初中化学：描述“粗盐提纯”步骤（溶解→过滤→蒸发→结晶）	1. 添加设备或材料图标（烧杯、电阻符号）增强直观性；2. 标注关键参数（如温度、电压）

其他类型流程图

- **工作流程图（Workflow Diagram）**：用于描述任务分配与执行顺序，适合项目管理教学。
- **系统流程图（System Flowchart）**：展示软件或硬件系统的运行逻辑，适用于信息技术课程。
- **事件流程图（Event-driven Process Chain，EPC）**：强调事件触发与响应，适合社会实践案例分析。

（四）流程图的设计原则、常见误区与改进建议

设计原则

- **清晰性**

符号统一，文字简洁，避免使用专业术语（针对低年级学生）。

示例：小学流程图用“加水”代替“注入 H2O”。

- **逻辑性**

确保步骤顺序合理，决策分支无矛盾。

示例：在化学实验中，“加热”必须在“混合溶液”之后。

- **可扩展性**

为复杂流程设计子流程或折叠分支，保持主图简洁。

示例：在“校园运动会组织流程”中，将“报名阶段”单独展开为子流程图。

- **视觉友好性**

使用对比色突出关键步骤，箭头粗细区分主次流程。

示例：用红色箭头标注“注意安全事项”，黄色箭头表示“循环操作”。

常见误区与改进建议

误区 1：符号混用导致混乱。

问题：在同一个流程图中混用矩形和圆角矩形表示操作步骤。

改进：严格遵守符号标准（如矩形只用于操作步骤）。

误区 2：流程冗余或缺失关键步骤。

问题：遗漏“实验前安全检查”或重复“数据记录”步骤。

改进：设计前先用文字列出所有步骤，再转化为图形。

误区 3：忽略学生认知水平。

问题：为小学生设计包含复杂分支的跨职能流程图。

改进：低年级使用基本流程图，高年级逐步引入其他类型流程图。

（五）GAI 革新流程图教育

简化流程构建复杂度，提升逻辑训练效率。GAI 通过自然语言解析自动生

成标准流程图，将学生从烦琐的图形绘制、符号标注中解放出来，使其聚焦于流程设计的合理性验证与优化迭代，解决传统教学中 70% 精力消耗在绘图技术而忽视逻辑校验的本末倒置问题。

强化动态逻辑推演，培育系统思维能力。GAI 实时模拟流程运行状态，可视化展示分支决策的影响路径（如编程循环结构错误导致的逻辑死循环），通过多版本对比与缺陷预警，帮助学生突破单向线性思维，建立“条件—结果”的动态因果认知模型。

打破时空与资源壁垒，实现协作式流程重构。云端协同编辑、多语言指令转换与自适应难度调节功能，使城乡学生可共同优化如“校园垃圾分类”“科学实验步骤”等复杂的流程设计，在集体智慧碰撞中培养系统性工程思维，弥合传统流程图教学个体化、静态化的实践鸿沟。

这三大突破使流程图教学从图形绘制训练升级为系统思维培养。

二、GAI 制作流程图的核心环节

（一）自然语言理解

自然语言理解是 GAI 制作流程图的关键基础。GAI 能够准确解析用户输入的文本指令，提取出核心流程步骤和决策节点，深入理解用户需求。以“水的沸腾实验”为例，当用户输入“生成一个展示‘水的沸腾实验’步骤的流程图”时，GAI 能够精准识别“水的沸腾实验”“步骤”等关键信息，明确用户意图在于直观呈现实验操作流程。这一过程不仅涉及对词汇和语句的表面解析，更包含对用户潜在需求和目的的深度挖掘。

准确的自然语言理解并非易事。GAI 需要基于海量语料库进行深度学习，识别不同语境下词汇和语句的语义。例如，“加热”一词在不同的实验场景中可能有细微的差异，GAI 需要通过上下文理解其具体含义，确保生成的流程图精准匹配用户需求。同时，GAI 还能识别用户指令中的逻辑关系。在“水的沸腾实验”中，GAI 能自动识别出“准备器材”应前置，“观察现象”和“记录数据”应后置等逻辑关系，为后续的流程构建打下基础。

（二）逻辑推理与流程构建

基于知识库或网络数据，GAI 能够自动构建流程的逻辑关系，并生成层级步骤。在“水的沸腾实验”流程图生成过程中，GAI 依托实验相关的知识库，自动关联出“准备器材→加热→观察现象→记录数据”等步骤。这不仅依赖于对用户指令的理解，还需借助知识库或网络数据中关于类似实验的常用流程规范。

例如，在科学实验领域，GAI 能从大量的实验报告和操作手册中学习到实验流程的通用模板。当用户输入相关实验指令时，GAI 就能将这些通用模板与用户指令相结合，生成符合逻辑和规范的流程图。同时，GAI 还具备一定的推理能力，能够根据实验原理和操作规范，推断出可能被用户遗漏的重要步骤或决策节点。

在流程构建过程中，GAI 会将流程分解为一系列相互关联的步骤，并确定它们之间的逻辑关系。对于需要多次循环操作的流程，GAI 能识别出循环的条件和终止条件，生成相应的循环结构。对于复杂的流程，GAI 还能将其分解为多个子流程并分别进行构建和优化。

（三）视觉设计

GAI 根据内容自动选择符号、配色方案和布局，确保流程图清晰、美观。以“水的沸腾实验”为例，GAI 会为“加热”步骤选用红色，象征热源或能量，为“记录数据”步骤选用蓝色，暗示冷静与数据性，并添加“温度计”等与实验相关的图标。合理的视觉设计不仅使流程图更具吸引力，还能辅助用户快速理解各个步骤的属性和关系。

在符号选择上，GAI 能根据步骤类型精准匹配相应符号。例如，在制作数学解题流程图时，GAI 会将求解一元一次方程的过程中的计算步骤用矩形表示，而将解是否满足方程的验证过程用菱形表示，以此区分操作和决策。

配色方案的选用则遵循视觉美学原则和信息传达需求。GAI 会综合考虑不同颜色的情感含义和对比效果，为不同类型的步骤分配合适的颜色。在流程图布局方面，GAI 依据步骤间的逻辑关系，合理安排图块位置。以“水的沸腾实验”为例，GAI 会将“准备器材”置于流程起点，“记录数据”置于流程终点，中间步骤按先后顺序依次排列，形成流畅的视觉动线。

（四）动态交互与调整

用户可以通过自然语言指令实时修改流程图，如“增加‘安全提示’步骤”“合并重复操作”等。以教学场景为例，教师可以在 GAI 生成的“水的沸腾实验”流程图基础上，输入“在‘加热’步骤前添加‘佩戴护目镜’”，GAI 则自动扩展步骤并调整布局，将新增步骤无缝融入原流程，重新优化流程图结构。

GAI 的动态交互能力是基于实时运算和理解机制的，能迅速响应用户的新指令。无论用户对流程图做出结构性改变还是细微调整，GAI 都能及时更新流程图内容，同时确保整体布局和视觉效果的协调性。用户还可以通过指令调整设计细节，如“将‘加热’步骤颜色改为橙色”，GAI 会即时执行并更新流程图配色方案，满足用户对视觉效果的个性化要求。

此外，GAI 还能根据用户的调整指令，提供一些提示或建议，如当用户尝试合并两个看似重复的步骤时，GAI 可能会提醒用户这两个步骤虽然相似，但在某些细节上可能存在差异，以确保流程图的准确性和完整性。

三、GAI 在流程图制作中的实践应用及其利弊

（一）GAI 制作流程图的工具与平台

Microsoft Visio + ChatGPT 插件

功能特点：

该组合强大且灵活。Microsoft Visio（简称“Nisio”）是专业流程图绘制软件，具备丰富的图库、模板资源和强大的编辑功能，用户可以选择不同风格和类型的符号、连接线等元素来构建流程图。结合 ChatGPT 插件，用户可以

直接在 Visio 软件中输入自然语言指令，如“生成‘水的沸腾实验’流程图”，ChatGPT 接收到指令后，迅速解析并生成流程图框架，将其插入 Visio。用户再利用 Visio 的编辑功能对流程图进行细化和调整，如修改符号、调整布局、添加注释，充分发挥了 ChatGPT 的智能生成能力和 Visio 的专业编辑能力。

使用方法：

第一步，在软件中安装并配置 ChatGPT 插件，然后登录账号。

第二步，在软件界面中输入相关的自然语言指令，描述流程需求，明确流程图的主题和内容要点，如“生成一份详细的销售订单处理流程图，包括订单接收、审核、库存调配、发货和收款确认等环节”。

第三步，输入指令后，ChatGPT 会依据其自然语言理解和知识推理能力，快速生成一个初步的流程图框架，并插入 Visio 文件。用户可以在 Visio 中对这个框架进行详细编辑，如替换符号、调整步骤顺序、添加分支决策等，以完善流程图内容，使其更加符合实际业务流程。

第四步：借助 Visio 的强大编辑功能，还能为流程图添加更丰富的内容，如详细的操作说明、外部链接等，进一步提升流程图的实用性。

Lucidchart + GPT-4 集成

功能特点：

Lucidchart 是一款功能强大的在线流程图制作工具，它提供了直观的用户界面和丰富的模板库。与 GPT - 4 集成后，用户可以在 Lucidchart 中利用自然语言描述流程需求，轻松生成复杂流程图。其操作简便，无须安装额外软件，用户可以通过浏览器直接登录使用。其模板库涵盖了多种行业和场景的流程图类型，用户可以依据具体需求选用合适的模板进行二次编辑。

使用方法：

第一步，用户登录 Lucidchart 后，需启用 GPT - 4 插件。

第二步，在软件界面中，用户可以通过输入自然语言指令来描述流程需求，例如“生成一份详细的‘解一元一次方程’的流程图，包括筛选方程、整理方程、求解方程和验证解等步骤”。

第三步，输入指令后，GPT - 4 会基于其强大的自然语言理解和推理能力，自动生成一个初步的流程图框架。这个框架会以一种直观、图形化的形式展现出来，方便用户快速把握整体结构和关键环节。用户可以在生成的框架中进行交互式编辑，如添加或删除步骤、调整步骤顺序、修改符号样式等。

第四步：在编辑过程中，用户可以直观地看到流程图的实时变化，并随时保存和分享自己的作品。

在线 GAI 流程图生成平台（如 Draw. io、ProcessOn、博思白板）

功能特点：

在线 GAI 流程图生成平台提供了一站式流程图生成服务。用户无须安装任何本地软件，只要通过浏览器登录平台即可开始使用，极大地提升了便利性。这类平台能够支持多种流程图类型的生成，包括但不限于工作流程图、业务流程图、程序流程图等。用户可以根据需求选择合适的流程图类型，并享受相应的设计优化功能。平台还提供了丰富的图形元素库，用户可以选择各种形状、线条、图标等元素来构建自己的流程图，实现个性化的设计。

使用方法：

第一步，用户只需登录平台并上传文本内容。

第二步，输入指令，如“生成‘校园运动会组织流程’流程图”，平台便会自动生成流程图。用户可在生成的流程图上进行调整，添加注释和链接等。例如，在“校园运动会组织流程”流程图中，用户可能需要在“报名”步骤后添加“审核资格”分支，或者在“竞赛”阶段添加“急救服务”分支。用户只需点击相应的位置，输入指令如“在此处添加‘审核资格’分支”，平台就会自动调整流程图的结构，使其更加完善和全面。

第三步，用户还可以灵活地调整图形元素的大小、颜色、位置等属性，以达到最佳的视觉效果。在制作流程图的过程中，如果用户需要参考一些外部资源，还可以将这些资源的链接添加到流程图中。例如，在“项目管理流程图”中，用户可以为“需求分析”步骤添加一份详细的需求分析报告链接，方便客户、项目成员等随时查看和阅读。

编程工具（如 Python+GPT API）

功能特点：

通过调用 GPT API，用户可以在 Python 中实现自动化流程图生成。Python 是一种广泛使用的编程语言，拥有丰富的数据处理和可视化库，如 graphviz 和 matplotlib 等。结合 GPT API 的强大能力，用户可以灵活地定制流程图生成流程，满足其个性化的流程图制作需求。这种方式尤其适合具有编程基础的用户，能够满足他们对复杂流程图的自定义需求。

使用方法：

第一步，用户需要安装 Python 库，如 graphviz 或 matplotlib，这些库提供了绘制图形的基本功能。

第二步，用户通过调用 GPT API，向其发送自然语言指令来描述需要生成的流程图，例如“生成‘水的沸腾实验’流程图”。GPT API 会根据指令生成流程图的描述信息，包括节点、边、属性等。用户再利用 Python 库将这些描述信息转化为可视化的流程图。例如，通过 graphviz 库，用户可以定义节点的形状、颜色、大小，以及边的类型、方向等属性，从而生成一张详细的流程图。

第三步，用户还可以通过 Python 编写脚本来实现流程图的自动化生成，将 GPT API 的输出与 Python 库的绘图功能相结合。这种方式不仅提高了流程图生成的效率，还为后续的流程图分析和应用提供了便利。

（二）GAI 制作流程图的优势与局限性

优势

高效便捷

GAI 制作流程图能够大幅缩短制作时间，降低技术门槛。传统的流程图制作需要耗费大量的时间和精力在绘制框架、设计样式等方面，而 GAI 通过自动化生成技术，几分钟内即可完成一张结构合理、设计美观的流程图。例如，在企业业务流程梳理中，使用 GAI 制作流程图可以快速生成多个部门的业务流程框架，让企业能够更高效地进行流程分析和优化。

智能优化

GAI 团队具备强大的算法和海量数据支持，能够自动选择最佳符号和布局，优化设计细节。例如，在制作复杂的项目管理流程图时，GAI 能够根据项目任务之间的逻辑关系，自动选择合适的符号来表示任务、决策、资源分配等元素，并合理安排布局，确保流程图在视觉效果和信息传达上达到最佳状态。

交互性强

GAI 制作流程图支持自然语言指令调整，满足个性化需求。用户可以根据实际情况，随时随地通过简单的语言指令对流程图进行修改和完善。例如，项目经理在项目实施过程中，可以根据项目进展和需求变化，通过指令添加新的任务、调整任务顺序、修改资源分配等，实现对流程图的实时更新，确保流程图始终符合项目实际情况。

局限性

内容依赖性

GAI 制作流程图的结果依赖输入内容的完整性和准确性。如果输入的文本信息不全面、存在错误或表述模糊，GAI 生成的流程图可能会出现内容缺失、逻辑混乱或信息错误等问题。例如，在制作科研实验流程图时，如果用户提供的实验步骤不完整或存在错误，则 GAI 生成的流程图就可能无法准确反映实验的真实情况。

设计局限性

对于一些需要独特图形元素、复杂布局样式或特殊的颜色搭配的特殊设计需求，GAI 可能无法完全实现，仍需用户手动进行调整和完善，或借助其他专业设计工具辅助完成。

技术门槛

部分工具需要一定的技术基础，如 Python 编程。对于非技术背景的用户来说，使用编程工具制作流程图可能存在一定困难，需要花费时间学习相关编程知识和技术。

（三）教学实践建议

分阶段教学策略

低年级（1~3 年级）

以教师生成的流程图为主，引导学生“读图”并复述步骤。例如，教师可以使用 GAI 生成的“植物观察日记”填写步骤流程图，在课堂上引导学生观察流程图中的符号、箭头和文字，让学生逐步理解每个步骤的含义和顺序。学生在观看流程图后，教师可以组织学生进行“复述流程”的活动，让学生按顺序用简单的语言描述流程图中的步骤，在这个过程中，学生不仅能够巩固对流程的认识，还能锻炼语言表达能力。

中年级（4~6 年级）

教授学生使用 GAI 工具生成简单流程图。在这个阶段，学生已经具备一定的逻辑思维能力和计算机操作能力。教师可以逐步引导学生学习如何使用 GAI 工具，如使用 Microsoft Visio + ChatGPT 插件生成简单的流程图，例如“如何整理书包”。学生在教师的指导下，学会通过自然语言指令描述需求，并使用工具生成流程图。这不仅能够培养学生的动手能力和自主学习能力，还能提高他们对信息技术的兴趣。

高年级（7~12 年级）

引导学生设计复杂流程图并加入决策分支。高年级的学生具备较强的逻辑思维能力和创造力，教师可以鼓励学生针对复杂的任务或问题，如“校园垃圾分类实施方案”，设计流程图。学生在设计过程中，需要考虑多种因素，如垃圾分类的种类、回收流程、市民教育宣传等，并在流程图中加入决策分支，如“垃圾是否可回收？”“是否为有害垃圾？”等。通过这样的实践，学生不仅能够锻炼综合分析问题和解决问题的能力，还能培养团队协作精神，增强社会责任感。

跨学科整合案例

科学与语文相结合

用流程图分析“科普文章的结构”。在一篇科普文章中，通常会使用提出问题、分析现象、得出结论的文章结构。教师可以让学生将科普文章的结构用流程图的形式呈现出来，例如，文章开头提出问题，中间段落分析现象，最后得出结论。学生在制作流程图的过程中，可以更好地理解文章的结构和逻辑，有助于提高学生的阅读理解和写作能力。同时，教师也可以引导学生将科普文章中的科学知识与流程图中的步骤相结合，进一步加深学生对科学知识的理解。

数学与信息技术相结合

设计“编程算法流程图”，将数学逻辑转化为代码步骤。学生在学习数学知识时，如解一元一次方程、求最大公约数等，可以将其解题步骤用流程图的形式表示出来。然后，学生将流程图中的步骤转化为编程语言，编写相应的代码。这种跨学科的整合不仅能够帮助学生更好地理解数学逻辑，还能提高学生的信息技术应用能力，培养学生的计算思维。

评价与反馈机制

- **评价标准**

完整性：是否涵盖所有关键步骤。一个完整的流程图应该包括从开始到结束的所有关键步骤，没有遗漏任何重要的环节。例如，在制作“水的沸腾实验”流程图时，是否包含了准备器材、加热、观察现象、记录数据等所有步骤。

逻辑性：流程顺序是否合理，分支是否无矛盾。流程图的步骤顺序应该符合逻辑，没有跳跃或不合理的顺序。分支部分的条件判断应该清晰，没有矛盾。例如，在“判断素数”流程图中，判断条件“i 是否小于 n？”和“n 是否能被 i 整除？”的逻辑是否正确，分支是否会导致流程的混乱。

创新性：是否加入个性化设计。流程图不仅可以满足功能需求，还可以通过个性化的设计增强内容的吸引力和可读性。例如，学生在流程图中添加了生动的图标代表不同的步骤，或者使用了新颖的布局方式突出重点步骤。

- **学生互评**

分组展示流程图，其他小组提出优化建议。将学生分成小组，每组制作一个流程图并在班级内进行展示。其他小组的同学在观看展示后，可以提出优化建议，如“在‘观察现象’步骤中添加注释‘注意安全’”。这种互评的方式能够激发学生的竞争意识和团队合作精神，促进学生之间的交流和学习。通过对他人流程图的评价和反思，学生可以发现自己的不足之处，进一步提高流程图的制作水平和质量。

综合案例 9：用博思白板制作小学科学实验操作流程图（以水的沸腾实验为例）

步骤 1：明确需求与准备内容

明确需求是制作流程图的首要环节，需确定流程图的目标和用途。对于教师而言，若目标是生成展示“水的沸腾实验”的流程图以辅助教学，则该流程图需直观呈现实验操作步骤，确保学生能够清晰理解并按步骤操作。准备内容包括收集相关步骤或文本材料，如实验手册中的“水的沸腾实验”操作步骤：准备器材、加热、观察现象、记录数据等，为 GAI 提供充足且准确的信息源，确保生成的流程图内容详实、准确。

步骤 2：输入指令或上传内容

用户可以通过自然语言描述需求或直接上传文本内容。如教师输入“生成‘水的沸腾实验’流程图，包含准备器材、加热、观察现象、记录数据，加入对水是否沸腾的决策判断。”，GAI 快速理解并响应。同时，也可以上传包含详细操作步骤的文档，以便 GAI 从文本中精准提取信息，生成符合预期的流程图。

步骤 3：GAI 自动生成流程图

步骤识别。GAI 自动识别核心步骤，如“准备器材”“加热”“观察现象”“记录数据”，将其作为流程图框架的起点和分支。

符号选择。GAI 根据步骤类型自动选择符号。例如，为“准备器材”选用矩形符号，表示这是一个具体的操作步骤；为开始“加热”也选用矩形符号，表示这也是操作类步骤；“观察水的变化”同为矩形符号，而若流程中存在决策点，如判断“水是否沸腾”，则选用菱形符号表示决策环节，清晰区分不同步骤的性质。

视觉优化。GAI 自动为“开始加热”步骤分配红色，象征热源，为“记录沸腾数据”步骤分配蓝色，暗示冷静与数据性。同时，GAI 将流程图中的步骤按照逻辑顺序，从左至右或从上至下排列，使得整个流程图布局合理、清晰易读，如图 4-11 所示。

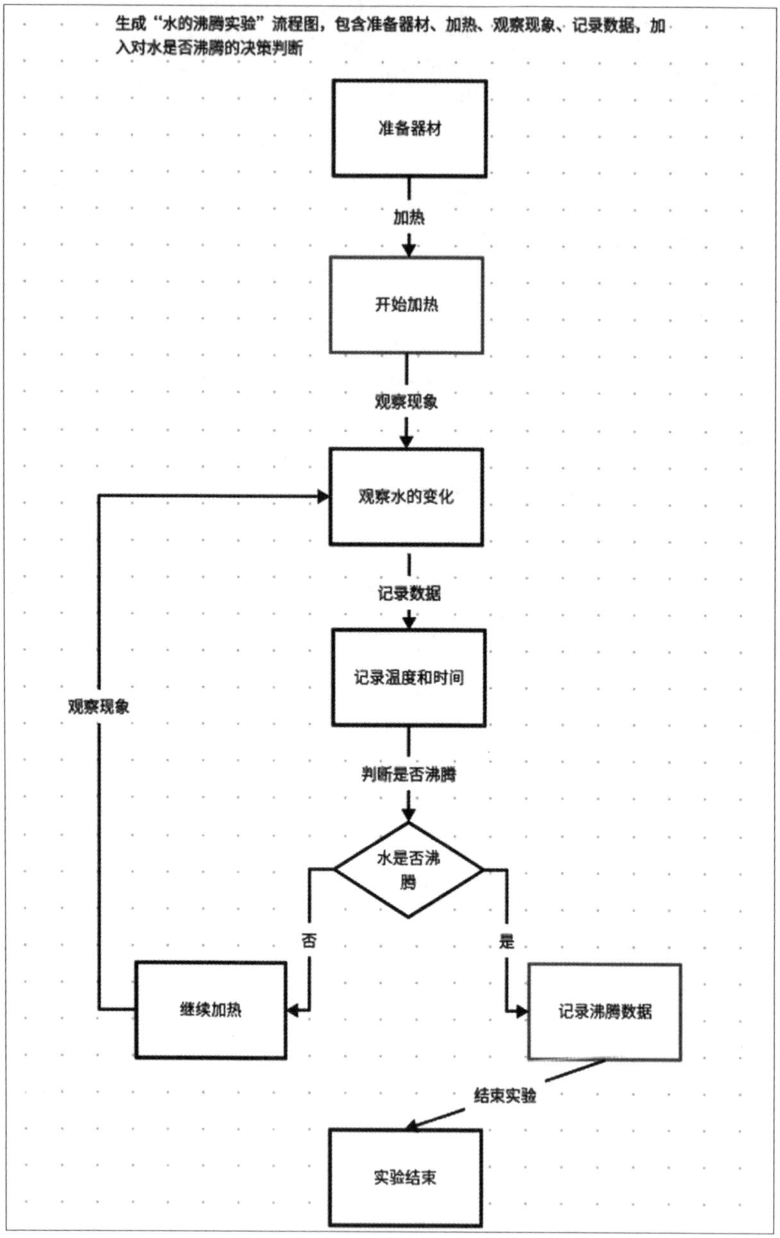

图 4-11　水的沸腾实验流程图（1）

步骤 4：交互式调整和优化

调整步骤结构。用户可以随时通过指令修改步骤结构，如“在‘开始加热’

步骤前添加‘佩戴护目镜’”，GAI 立即自动扩展步骤，并适当调整其他步骤的位置和间距，确保整个流程图的连贯性和逻辑性，如图 4-12 所示。

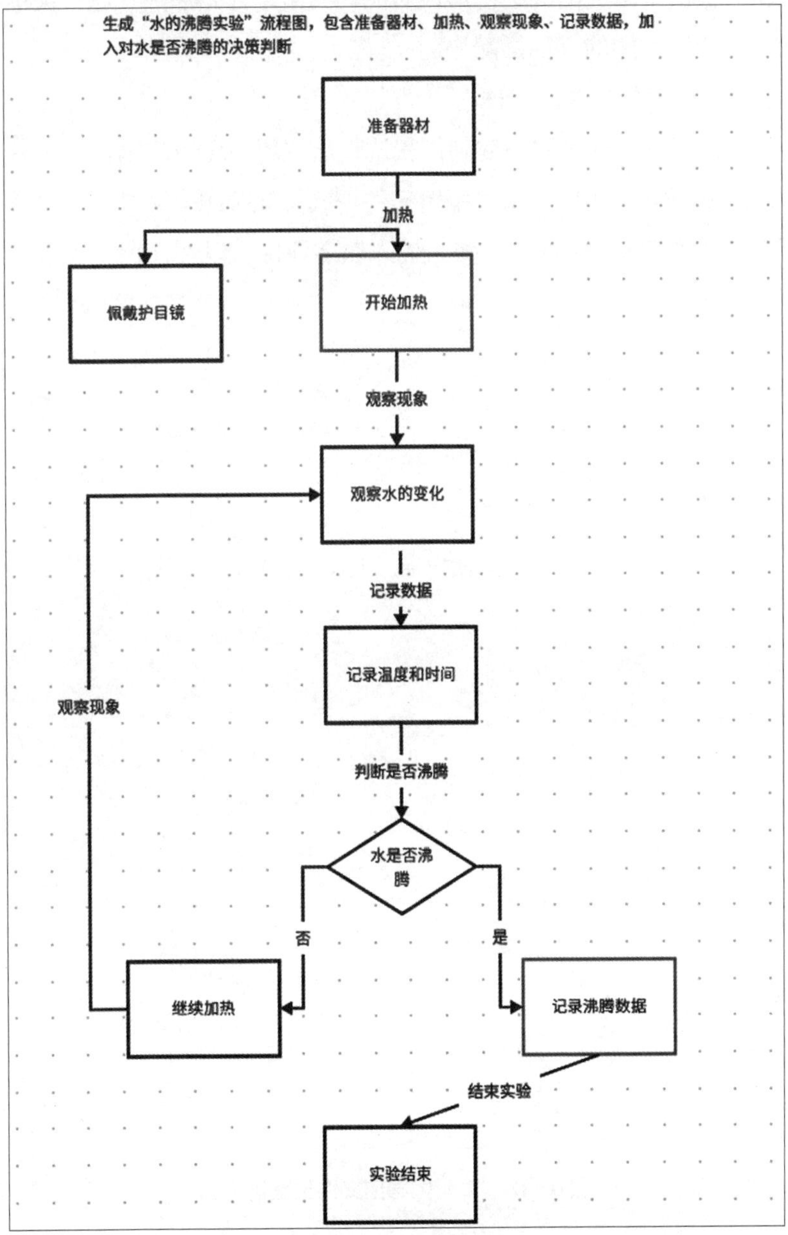

图 4-12　水的沸腾实验流程图（2）

优化设计细节。除了调整步骤结构，用户还可以对设计细节进行优化。例如，输入“将‘开始加热’步骤颜色改为橙色”，GAI 立即将该步骤的边框颜色更新为橙色，与之前的红色形成对比，突出“开始加热”这一关键步骤，同时保证整个流程图的颜色搭配协调。

步骤 5：导出与分享流程图

导出流程图。完成流程图的制作和调整后，用户可以根据需求将其导出为图片格式（如 PNG、JPG）或可编辑文件格式（如 PDF、PPT）。例如，可以将流程图导出为 PNG 图片，并将其插入教学课件，以便在课堂上进行展示和讲解，如图 4-13 所示。

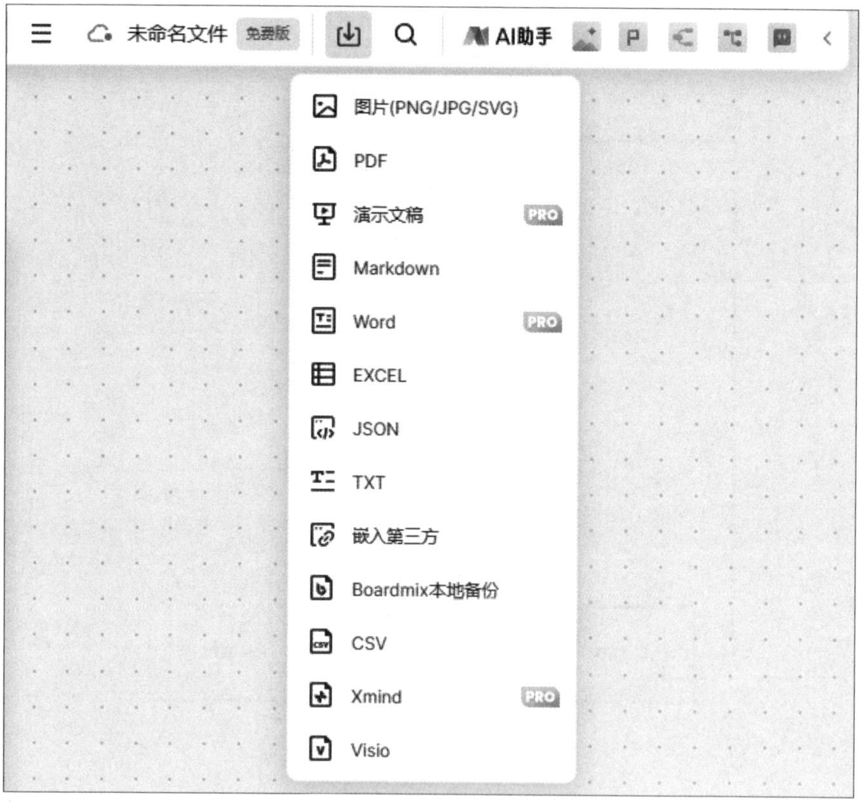

图 4-13　流程图导出文件类型示意图

分享流程图。用户可以将流程图分享至各个平台或以不同形式呈现。在教学场景下，教师可以将流程图打印出来并张贴在实验室，供学生随时查阅和参考；也可以将其上传至班级微信群或学校的学习平台，供学生课后复习和巩固知识。

第四节 总结

本章的核心价值在于，通过 GAI 技术的赋能，教师能够将更多精力投入教学设计和课堂互动，无须耗费大量时间在图表制作上。同时，GAI 生成的图表、思维导图和流程图提升了教学资源的专业性和美观度，增加了学生对知识的理解。未来，随着 GAI 技术的不断发展，其在教育领域的应用将更加广泛和深入。我们期待更多教师能够掌握这些工具，将其灵活运用于日常教学中，推动教育信息化和智能化的发展，最终实现“以学生为中心”的教育目标。

第五章 GAI 推动数字人技术与互动教学创新

随着科技的飞速发展，人工智能与虚拟现实等前沿技术催生了“数字人”这一全新概念，其在教育领域展现出广阔的应用前景[①]。在中小学教育范畴，数字人主要通过提供高度仿真的人机交互体验发挥重要作用。一方面，它显著增强了教学内容的表现力与吸引力，以生动形象的方式呈现知识，极大地加强了学生与教学内容之间的互动性。另一方面，它有效弥补了传统教学在个性化、情境化教学方面存在的不足。数字人借助丰富的多媒体资源以及智能化的教学设计，能够精准且生动地进行知识传授，在实现教学互动的同时，充分激发学生的学习兴趣，为教学活动注入新的活力。基于此，深入研究与实践数字人赋能教学具有重要意义。这不仅是顺应时代发展潮流、推动教育现代化进程的关键举措，更是深化教育教学改革、构建智慧教育生态的重要路径。它有助于打破传统教学的局限性，为学生提供更加多元化、个性化的学习体验，从而提升教育教学质量。

然而，目前数字人技术在教学中的应用主要集中于高等教育领域，在中小学阶段的应用相对匮乏。究其根源，主要在于当前中小学教师对数字人技术的认知较为有限，缺乏对该技术在教学中有效应用的方法与策略的了解，不知道如何将其更好地融入教育教学过程，以服务于教学目标的达成。鉴于此，在本章内容中，我们将以通俗易懂的语言，系统地向教师介绍数字人技术的概念与功能、创建数字人的关键技术，以及创建数字人的详细步骤。旨在为教师在教学中实践数字人技术提供全面且实用的应用指南，助力教师开展互动教学

① 请见本书配套资源。

创新，推动数字人技术在中小学教育领域的应用。

第一节 数字人技术的概念与功能

在学习数字人技术辅助教育教学之前，首先需要了解的是数字人的主要概念与功能。了解数字人的概念与功能有助于我们对数字人技术进行初步了解，为后续应用数字人技术打下基础。在这一节中，我们将会了解数字人的定义、关键特征和分类，并逐步聚焦于教育数字人及其特征，以及教育数字人的应用场景。

一、数字人概述

（一）数字人和数字人技术的定义

数字人研究起源于 1989 年美国国立医学图书馆建立的“可视人体计划”（Visible Human Project），其原理是基于磁共振的数据，通过计算机图像技术建造虚拟人体②，主要应用于医学、生物仿真、基因的研究。数字人也被称为“虚拟人”或“数字虚拟人”，通常是指能通过语言进行表达、互动的高度拟人化的虚拟人物。

数字人技术（Digital Human Technology）是人工智能、机器学习、大数据分析、计算机图形学、自然语言处理等多种语言综合运用的技术，能够创造出与人类形象、行为，甚至思维相似的数字化个体技术③。这些虚拟人物能够在虚拟或现实环境中与用户进行实时互动，模拟人类的思维、情感和表达方式，

②③　请见本书配套资源。

广泛应用于教育、娱乐、医疗、商业等领域。数字人（Digital Human）既可以表现为二维、三维的虚拟形象，又能够集成到实体机器人中。数字人技术的核心在于将人类的特征和能力数字化，使其能够在虚拟空间中实现高度拟真的交互体验。它不仅包括外观的仿真，还涵盖语言理解、情感识别、动作捕捉等多维度的技术融合。

（二）数字人的关键特征

1. 拟真性

数字人依赖于真实的人物图像和视频数据，通过高精度的建模和渲染技术，实现了高度逼真的外观和动作的模拟。观察面部的情感，我们可以精确地捕捉到人类多种多样的情感反应，从细微的嘴角曲线到眼部肌肉的微小变化，都能生动地展现出来；在肢体语言的表现上，无论是动作的姿势、幅度还是节奏，都与真实的人没有任何差异；在语音和语调方面，音质、音高、语速和发音习惯等都能被高度还原。这使得其在外观和行为表现上与真实的人类极为相似，极大地提升了视觉和听觉的真实感和沉浸感。

2. 交互性

数字人拥有解读用户的语言命令和感知其情感状态的技能，能够与用户进行即时的交互。在语音对话的环境下，该技术能够迅速并准确地解读用户的话语意义，并利用自然语言处理方法提供适当的反馈；面对用户的各种情感反应，无论是兴奋、沮丧还是困惑，数字人都能提供相应的情感反馈，例如给予鼓励、给予安慰或进一步的解释；在进行行为反馈时，数字人会根据对话的主题和互动的背景，做出合乎逻辑的行为或姿势调整，如点头表示赞同、挥手表示无奈等，使得交互过程变得更为流畅自然。

3. 智能化

利用人工智能的先进技术，数字人有能力深入洞察用户的需求，并为他们提供定制化的服务和内容。通过深入分析和挖掘用户的历史互动数据和偏好信息，数字人能够精确地推送与用户兴趣相符的知识、信息或解决策略。一些高级数字人不仅拥有自我学习的能力，还拥有持续的迭代技巧。在与用户的互动中，利用机器学习和深度学习的方法不断地积累经验，从而提高自己的语言理解、决策能力和内容生成技巧，更好地满足用户日益变化的需求。

4. 情感化

数字人能够利用语音、文字和面部表情等多种模态分析技术，精确地鉴别用户的各种情感状态，例如快乐、悲伤和愤怒等。基于识别出的结果，可做出充满情感的反馈，无论是表示欣喜还是给予关心和安慰，都极大地增强了交互的自然感和亲近感，缩短了与用户之间的心理距离，使得交互过程更为人性化。

（三）数字人的分类

在数字化浪潮持续推进的当下，虚拟人产业呈现出蓬勃发展的态势。2022 年 5 月，弗若斯特沙利文与头豹研究院联合发布的《2022 年中国虚拟人产业发展白皮书》，对市面上的虚拟人产品进行了系统且深入的分类，将其划分为广义虚拟人和超级自然虚拟人两大类别④。广义虚拟人主要借助音素拼接、换脸滤镜等技术手段来实现动作表现，其技术方案涵盖真人驱动、动作捕捉、面部捕捉以及动作库匹配等。与之相对，超级自然虚拟人则凭借人工智能技术生成面容、声音、动作以及创作能力，拥有完整的人类生物学特征和感官，在技术开发的深度和广度上均显著超越广义虚拟人，代表着更为前沿的技术发展方向。①

当前市场上的广义虚拟人根据其应用场景和技术实现方式基本上可以分为以下几种类型：

第一种类型是虚拟助手型的数字人，他们主要负责提供如信息检索、任务执行等多种服务，例如智能客服和虚拟导游等。第二种类型是以娱乐为主题的数字人，这些数字人在游戏、影视等多个领域都有应用，他们作为虚拟角色与观众进行互动，为用户提供沉浸式的娱乐体验，例如数字主播。第三种类型是医疗型的数字人，这些数字人主要用于医疗培训和患者陪伴等场景，模拟医生

④ 请见本书配套资源。

或护士的角色并提供专业的支持服务。第四种类型是以教育为核心的数字人，他们主要关注教学环境，并作为虚拟的教育者或学习合作伙伴，为学生提供知识分享、答疑解惑等多种服务。在本书中，第四种类型教育数字人将是我们主要研究的数字人。接下来我们将针对教育数字人进行详细阐述。

二、教育数字人及其特征

（一）什么是教育数字人

教育数字人是指直接参与教育教学过程，为师生乃至管理者提供个性化、智能化服务工具，从而从通用数字人变成教育专用的“教育数字人”[⑤]。总的来说，教育数字人的基本内涵是以虚拟形象作为师生的表象，同时以“代理人”的身份进行智能化、数字化、交互性的知识传递。

在教育领域，数字人可以发挥拟人化的能力，实现对师生的模仿，其中主要是对教师的模拟，承担教师的部分角色，从而创造新的师生交流形态，促进教学互动，推动教学与学习的形式变革。

（二）教育数字人的特征

在之前的探讨中，我们了解到通用数字人具备 “拟真性、交互性、智能化、情感化” 四大显著特征。而教育数字人，作为专门服务于教育教学领域的专用数字人，有着其独特的内涵与表现形式。教育数字人以师生为模仿蓝本，同时也将师生作为核心服务对象，在教育场景中扮演着虚拟教师、虚拟助教等多元化角色，创新性地构建起互动性强的知识传递模式，极大地推动了教育教学的变革与发展。具体而言，教育数字人主要呈现出以下六大核心特征：

⑤ 请见本书配套资源。

1. 多元角色

教育数字人技术为教师与学生之间的传统信息交流关系带来了新的解读，其中真实与虚拟的双方都肩负着多种角色，这打破了之前的传统边界。教育数字人有能力根据各种教育和教学环境以及需求，以灵活和精确的方式切换其角色。在课堂教学环节中，教育数字人可以扮演知识丰富的虚拟教师角色，利用丰富的教学资源和生动的教学方法，将复杂的知识内容以易于理解的方式传授给学生；在课后的辅导过程中，教育数字人又可以扮演关心学生的虚拟助教角色，为他们解答疑惑，并为他们的特定问题提供深入的建议。

2. 虚实统一

教育数字人巧妙地将虚拟的数字形象与实际的教育场景结合起来，教育数字人所扮演的虚拟角色与真实的角色是一个整体。从一方面看，它利用尖端的数字技术创造了高度真实的虚拟形象，无论是在外观、动作还是在语言表达上，都追求与真实的人类教师接近；从另一个角度看，它能够与实际的教育和教学活动完美结合，与学生、教师和各种教学资源产生有益的互动，确保虚拟世界与现实世界之间的完美结合。

3. 开放生态

教育数字人的培养并不是一个孤立的过程，而是建立在一个庞大而开放的生态体系之上的。教育机构、科技公司、教育研究人员等多个领域的力量都参与进来，各自展现自己的优势。教育机构为学生提供了实际的教学环境和需求反馈，科技公司提供了前沿的技术援助，而教育研究人员则从他们的专业理论出发，为教育数字人的培养提供了明确的方向，通过合作努力，持续优化教育数字人的功能和表现。

4. 感性沉浸

利用沉浸式的教育技术，我们可以为学生创造一个充满感染力的数字学习氛围。以历史课程为例，它通过创建真实的历史场景，使学生仿佛能够跨越时间和空间，深入体验历史事件是如何发生的；在学习语言的过程中，通过模拟真实的语言互动环境，可以让学生在一个沉浸式的学习环境中增强他们的语言应用技巧，并激发他们的学习热情。

5. 因材施教

数字教育为教师和学生提供了展示个性的新方式，它利用其出色的数据分析技巧，可以全方位地收集和解读学生的学习习惯、知识掌握水平、兴趣偏好等多方面的信息。依据这批精确的数据资料，我们为每位学生量身打造了独特的学习计划，以适应他们各自的学习节奏和需求，从而真正体现了因材施教的教育哲学。

6. 自我进化

培养教育数字人具有自主学习和不断进化的技能。它有能力持续地从大量的教育资料和实际教学中吸取教训，不断地完善其教学方法、知识积累和互动策略。随着时间的流逝和数据的累积，教育数字人能够不断提高自己的教育教学水平，更好地适应教育教学的变化。

（三）教育数字人的应用场景

在GAI技术飞速进步的背景下，教育数字人作为一种创新的教学工具，正在深刻地改变传统的教学方式，为教育行业带来了前所未有的机会和活力。得益于先进的人工智能算法、自然语言处理技术和强大的数据分析能力，该技术已被广泛应用于教育教学的各个环节，显著提高了教学效率和学习效果，推动了教育朝着更加个性化、智能化和公平化的方向前进。接下来，我们将深入探讨教育数字人的主要使用场景。

1. 个性化学习辅导

教育数字人利用深度学习算法和大量的知识图谱，能够实现对学生问题的精确理解和解答。以数学为例，当学生提出与函数相关的问题时，该方法不仅可以根据学生过去的错误数据来分析他们在函数概念理解和公式应用等方面的不足，还可以利用丰富的知识库，提供多种解题策略，并通过生动的动画、图表等方式进行辅助讲解，以帮助学生更好地理解。在为学生定制学习路径的过程中，教育数字人收集并分析了学生的作业完成状况、考试成绩和课堂互动表现等多个维度的数据，并利用机器学习算法为学生创建了专门的学习画像。例如，在英语学习过程中，如果教育数字人发现学生在阅读理解部分的失分较多，那么他们会有针对性地为学生推荐各种难度级别的英语阅读资料，从基础词汇的积累到复杂句子的分析，逐渐提高学生的阅读技巧，帮助他们克服学习上的困难，实现高效学习。

2. 虚拟课堂互动

在数字化的课堂环境中，教育数字人利用流畅自然的语言和生动的身体动作，扮演虚拟的教师角色，与学生进行即时的互动交流。该方法不仅可以采用多种教学手段来解释复杂的知识点（例如在物理课程中，可以通过类比生活实例帮助学生理解抽象的物理概念），还可以根据学生的提问和反馈，及时调整教学节奏和内容，有效地解答疑问并保持课堂的秩序。同时，利用虚拟现实（VR）和增强现实（AR）的技术手段，构建沉浸式的学习环境。在教授历史的课程中，只要学生装备了 VR 设备，他们就可以跟随教育数字人“穿越”到真实的历史场景中，亲自见证历史事件的发生，深入体验，从而极大地增强了对抽象概念的理解和应用。

3. 语言学习与交流

教育数字人可以作为语言练习的合作伙伴，与学生进行包括日常生活、学术交流、职场沟通等多个场景的对话练习。在常规的对话练习活动中，教育数字人能够运用语音识别和自然语言处理技术实时修正发音和语法上的错误。例如，当学生用“I goed to school yesterday”这样的错误句子进行表达时，教育数字人能够迅速地指出并解释正确的语法结构。在学术交流的场合中，教育数字人有机会与学生深入探讨专业领域内的学术议题，从而协助学生更好地积累专业词汇和表达方式。此外，教育数字人还具有模拟来自不同文化背景的对话场景的功能，例如，在模拟与英国人的交流过程中，可以将英国的文化传统和常用的俚语融入其中，从而帮助学生更深入地理解不同文化的价值观和语言特色。

4. 特殊教育支持

对于那些有学习困难或特殊需求的学生，教育数字人会根据他们的生理和心理特性，结合专业教育的评估数据，制定个性化的教育计划。例如，对于那些有阅读困难的学生来说，教育数字人能够将文本内容转换为语音，并通过调整语速和语调，配合生动的图像和动画，帮助学生更好地理解知识。在为学生提供情感支持的过程中，我们利用情感识别技术实时捕捉学生的情绪波动。当发现学生有焦虑的迹象时，教育数字人会用温馨的言辞和友好的面部表情给予他们鼓励和慰藉，例如，他们会说："不要太担心，我们一起努力。你的表现非常出色。"

5. 教师培训与支持

教育数字人模拟了真实的课堂教学环境，为教育工作者提供了丰富的实践教学机会。在与教育数字人的互动中，教师尝试了如小组合作学习和项目式教学这样的创新方法和策略。例如，在教师进行项目式教学的过程中，教育数字人可能会提出多种不同的观点和问题，模拟真实学生的反应。在教师应对这些情况后，教育数字人会根据互动过程提供详细的分析报告，指出教师在引导学生讨论、控制时间、解答问题等方面的优势和不足，从而帮助教师提高教学技巧和课堂管理能力。同时，根据教师的教学目标、课程内容和学生的特性，利用大数据分析和智能推荐算法，精准推荐教学课件、教学案例、在线测试工具等教学资源。

6. 教育管理与评估

教育数字人能够实时追踪学生的学习行为和过程，包括学习的时间、频次和参与度等方面。通过分析学生在线学习平台上的登录时间、课程观看时长、作业提交次数等数据，利用数据可视化技术生成详细的学习报告，以直观的图表形式展示学生的学习进度和状态，这样可以方便教师和家长了解学生的学习情况，并及时发现、解决问题。在智能评估系统的构建过程中，我们采用了大数据分析和机器学习技术来创建一个多维度的评估体系。除了评估学生的知识掌握水平，我们还可以观察学生在团队讨论中的表现，并进一步评价他们的团队协作技巧；通过深入分析学生在处理开放性问题时的思维方式，我们可以评估他们的创新潜力，并为他们提供个性化的学习建议。

7. 远程教育与资源共享

教育数字人突破了地理界限，利用互联网技术，为那些生活在偏远和教育资源稀缺地区的学生提供了高质量的远程教学服务。以一个偏远山区的学校为例，学生可以通过在线学习平台与教育数字人进行实时互动，学习语文、数学、英语等课程，从而享受到与城市学生相同水平的教育资源，这可以促进教育公平。作为教育资源的核心共享平台，其整合了课程视频、教学文件、学术论文等高质量的资源。教育数字人会基于教师和学生浏览的历史、下载的记录等信息，对他们的需求进行分析，并为他们提供精确的资源推荐。此外，该平台支持在线资源编辑、更新和分享，教师可以对下载的教学课件进行修改和完善，然后上传并分享给其他教师，从而推动教育资源的高效利用和共享。

在教育和教学的整个流程中，教育数字人的应用场景不仅广泛，而且深入。教育数字人不仅为学生带来了更为个性化和多元化的学习体验，提高了学生的学习成绩，还为教师的教学过程提供了强有力的支持，进一步提高了教学质量。此外，数字教育在促进教育的公平性、特殊教育的进步，以及教师的职业发展等方面都起到了重要的作用。随着 GAI 技术的持续发展和创新，教育数字人将在未来的教育领域扮演更加关键的角色，引领教育和教学模式的深刻变革。

第二节
GAI 引领数字人技术突破教学困境

在GAI的推动下，GAI与数字人技术的融合为交互式教学注入了新的活力，对将数字人融入教学过程的教师而言，其可用性和可操作性得到了显著提升。对一线的教育工作者而言，深入理解其背后的原理和逻辑，可以更有效地运用这种技术来提高教学的品质。

一、数字人突破教学资源困境剖析

在传统的教学模式中，教师通常采用讲授式的教学方式进行教学内容的传授，在教学中常常面临着各种困境和挑战。数字人技术的出现极大地革新了教学模式。数字人技术由于其拟真性、交互性、智能化和情感化等特点，在教学中发挥着教师的部分角色功能，提升了学生的学习体验，提高了知识传递效率，通过创新教学方法突破了传统的教学方式。

（一）学生困境：个性需求与资源局限矛盾

在传统的班级授课制教学模式下，教师以统一的教学进度和教学内容为主，“一对多”的教学生态使得教师在有限的资源和时间下分身乏术，很难满足每个学生的学习需求，开展有针对性的指导。学生的学习潜力和个性特点也无法被充分挖掘。数字人的出现，在一定程度上分担了教师的部分角色，在减轻了教师工作负担的同时为学生提供了多样化的辅导和教学建议，破解了学生个性化需求与有限资源之间的矛盾。

（二）教师维度：重复内容与职业倦怠博弈

在当前教育体系下，多数教师仍专注于单一学科的教学工作。他们的教学内容往往局限于本学科的知识体系与教学大纲范围，而且很多授课内容都是按照一套讲课方式进行的，这种循环机械的讲解让教师难以体验到教学的新鲜感和挑战，时间一长教师就很容易因为这些重复的内容而产生职业倦怠。这种职业倦怠很大程度上会损伤教师上课的积极性和教学的创造性，甚至导致教师职业发展受阻。数字人的出现给解决该问题提供了一个很好的契机。像一些机械重复的教学内容完全可以交给数字人完成，教师可以把节省下的时间用于更加具有创造力的教学工作。

（三）内容层面：知识更新与多元体验落差

在当今快速发展的时代，知识更新换代的速度日新月异，新的研究成果、行业动态不断涌现。但传统教学内容的更新却存在明显的滞后性。教材编写和修订周期较长，往往无法及时反映学科领域的最新进展，导致学生所学知识与现实脱节。数字人依托 GAI 技术强大的信息抓取和分析能力，能够实时追踪学科的最新动态，迅速将新知识、新案例融入教学内容，确保学生始终接触到最前沿的知识。同时，学生对学习内容的体验需求日益多元。传统教学依赖单一的文字和图片呈现方式，难以充分激发学生的学习兴趣和积极性。数字人则可以整合多种媒体形式，运用生动的动画演示、逼真的虚拟场景模拟、沉浸式的互动体验等手段，将抽象知识具象化，复杂内容简单化，为学生带来全新且丰富的学习体验，激发学生学习兴趣，有效提升学习效果。

二、互动教学中的数字人角色定位

（一）知识讲解者

数字人不仅拥有非常逼真的教师形象，还拥有清晰流畅的语言功能，在互动教学过程中，数字人首先扮演的是知识的讲解者角色。数字人有能力利用预设的知识库来积累教师预先提供的知识，并以明确和简练的方式解释复杂的知识点。例如，在数学领域，数字人可以通过视频或动画等方式，对公式、定理等概念进行逐步解析，从而将抽象的概念具体化，使学生更易于理解。在文史类学科教学与传播场景中，数字人可作为全天候的知识传递载体，助力打破时空限制。数字人的参与不仅增强了学生对学习的热情，还有助于培养他们的独立学习精神；从另一个角度看，这也减少了教师传授重复知识的时间，从而提升了他们的教学效能。

（二）学习引导者

在当前的素质教育背景下，强调学生在教育过程中的中心角色变得尤为重要，教育者需要摒弃权威和主导的传统角色，而应成为学生学习过程中的引导者。同理，在教学过程中，数字人也应当扮演起学习的引导者角色。数字人拥有为学生提供个性化指导的能力，它可以根据学生的学习进度和表现，为他们提供个性化的学习建议。例如，当学生在英语阅读练习中经常犯错时，数字人可以根据错误的类型和原因，推荐更适合的阅读材料和练习方法，从而引导学生逐步提高阅读能力。

（三）情感陪伴者

在数字人的教育体系里，除了主要集中于知识的传授和学习的指导，还存在一种主要关注学生情感层面的数字人。在学生的学习旅程中，面对挫折和压力是他们无法避免的。在这个阶段，数字人作为情感的陪伴者，利用其尖端的情感识别能力，能够敏感地捕捉到学生的情感变化。当学生的情绪处于低谷时，它会采用温馨的言辞和充满激励的语调，为学生提供即时且有力的情感援助。当学生遭遇失败的时候，数字人有机会分享一些鼓舞人心的故事，助力学生重新找回自信。

三、基于教育原理的教学优势展现

（一）建构主义视角下的知识构建

1. 个性化学习路径的生成

建构主义的观点主张，学习者在构建知识时，是基于他们已有的经验和新的信息之间的互动。在教育过程中，每位学生在知识掌握、学习方式以及兴趣点上都有所不同。利用大数据分析技术，数字人有能力收集和分析学生在学习过程中生成的各种数据，包括但不限于作业完成状况、考试成绩和课堂参与度。利用这批数据，我们可以准确地了解每位学生的学习进展，并据此为他们量身打造独特的学习路径。

2. 促进学生主动探索的方式

建构主义的观点是，学生并不是空着脑袋进入教室的，他们在吸收知识时，会主动地进行探索和积极地构建。数字人有能力提出开放性的问题和研究任务，从而激发学生的好奇心和求知欲。同时，数字人作为学生的虚拟教育者，可以根据学生的具体需求，在任何给定的时间提供教育服务。数字人的出现极大地推动了学生的独立学习意识和技能的发展。

（二）多元智能理论与最近发展区理论的应用

1. 多元智能的挖掘与发展

基于多元智能的理念，我们认为每个人都具备各种不同的智能能力，例如语言智能、逻辑数学智能、空间智能以及身体运动智能等。通过多元化的教育活动和评价方法，数字人有能力挖掘学生在各个智能领域内的潜在能力。比如，在语文的教育过程中，数字人有能力组织如诗歌朗诵和故事创作等多种活动，从而深入挖掘学生的语言能力；在科学课程中，我们通过实验操作和模型构建等多种方式，激发学生的空间认知和身体动作能力。数字人根据学生在这些活动中的表现，为教师提供了详细的学生智能发展报告，教师可以根据这些报告调整教学策略，为学生提供更具针对性的学习机会，从而促进学生的全面发展。

2. 最近发展区的精准把握

最近发展区理论指出，学生的发展有两种水平：一种是学生的现有水平，另一种是学生可能的发展水平，而教师的作用就是在这两个水平之间搭建桥梁，让学生能够“跳一跳”达到可能的发展水平。数字人的出现可以承担这一功能。数字人通过持续的学习评估，能够精准确定学生的最近发展区。在教学过程中，数字人根据学生的最近发展区提供适当难度的学习任务，当学生在完成任务遇到困难时，数字人给予及时的指导和支持，帮助学生跨越最近发展区，实现知识和能力的提升。比如在英语写作教学中，数字人根据学生当前的写作水平，提供稍高于其能力的写作题目和写作框架，引导学生逐步提高写作能力。

四、对传统教学模式的变革

（一）时间与空间限制的突破

在传统教学模式中，教师是根据课程表来组织教学活动的，他们在固定的时间和空间对学生进行有规律的授课，而数字人技术的引入打破了这种时间和空间上的束缚。在教学过程中，数字人在大多数时间充当着虚拟教师的角色，能够为学生提供学习辅导和情感支持，学生只需配备适当的设备，就能实现与数字人的互动交流。例如，如果学生在课堂上没有完全理解某个知识点，那么他们可以在课后利用数字人的教学方法进行学习和掌握。

（二）教学工具与资源的创新

数字人被视为一种充满创意的教育手段，它极大地丰富了教育资源的种类和深度。在传统的教学方法中，教师经常依赖于文字、图片、视频和 PPT 等有限资源来进行授课。如今，数字人已经开发了一种融合文字、图片、音频和视频等多种多媒体资源的创新方式，为教育教学提供了前所未有的体验。例如，在科学的教学过程中，教师为了让课堂教学更加生动有趣，可以在课堂中引入科学学科的数字人进行授课，数字人可能会利用视频、PPT 等教学工具，向学生详细解释科学的基本原理，使得抽象的科学概念变得更为直观和容易理解。

（三）师生互动关系的重塑

在传统教学模式中，教师扮演着知识的主要传递者和主导者的角色，而学生则更倾向于被动地吸收和学习知识。在数字人参与教学之后，教师与学生之间的互动方式经历了明显的转变。教师已经超越了单纯的知识灌输者的角色，他们现在是学习过程中的策划者和指导者。由于数字人承担了大量重复的基础知识讲解和答疑任务，因此教师有了更多的时间和精力去关注和研究学生的个体差异。通过数字人与教师之间的人机合作，教师的工作效率和学生的学习成果都得到了显著的提升。

第三节
数字人的创建与应用

前面介绍了数字人技术的概念功能和理论基础，我们对数字人技术已经有了初步的了解，同时对 GAI 支持下的数字人为何能推动教学互动创新和数字人为何值得被我们教师运用到教学中有了大体的认识。但是仅仅知道它是什么和为什么要用对我们一线教师来说还远远不够。要想将数字人切实运用到教学过程中，服务于教学，助力教师教学与学生学习，我们还需要熟悉数字人是如何创建的。下面我们将具体介绍两类在教学中应用最广泛的教育数字人，即教学数字人和播报数字人，为广大教师朋友们提供参考，并预测未来数字人的应用趋势。

一、教学数字人的创建与应用

教学数字人是教师在实际工作中运用较多的一类教育数字人，教师可利用教学数字人开展知识答疑、课堂教学等教学活动。下面我们将从创建流程和应用场景对其进行具体讲解。

（一）创建流程

1. 工具选择

目前市面上基于 AI 技术制作数字人的平台众多，同时覆盖多个领域，在客户服务、教育、娱乐等多个领域展现出巨大的潜力。在众多工具中，以下数字人制作工具较受欢迎：有言、秒创、即创、腾讯智影、Kreado AI、曦灵、即构数智人、HeyGen、Tavus、万兴播爆、来画、闪剪、蝉镜、奇妙元、怪兽 AI 数字人。表 5-1 为其中部分数字人制作工具的简要介绍。

表 5-1　主流数字人制作工具介绍

AI 工具名称	简介	功能亮点	版本类型
有言	一站式 AIGC 视频创作平台，用户能够轻松创建高质量的 3D 视频内容而不需要真人出镜	①海量 3D 虚拟角色库；②一键生成 3D 内容；③自定义编辑功能；④含后期包装工具	含免费版、个人版、团队入门版和企业版
秒创	秒创是一个集合了多种 AI 创作工具的平台，基于人工智能技术提供包括数字人播报、图文转视频、智能文案写作、AI 作画以及文字转语音等服务	①高度逼真的数字人形象；②个性化定制；③灵活的编辑功能；④海量素材库；⑤多场景应用	含免费用户、高级会员和企业会员
即创	即创是抖音推出的一站式智能创意生产与管理平台，通过集成 AI 技术，提供视频创作、图文创作、直播创作等功能，帮助用户快速生成高质量的内容	① AI 生成脚本、视频、数字人、配音；②数字人定制；③灵活的编辑功能；④海量素材库；⑤多场景应用	含免费计划、初级计划、成长计划和企业计划
腾讯智影	腾讯智影是一款腾讯推出的 AI 智能创作工具，通过融合人工智能技术为用户提供了包括 AI 数字人、AI 文字配音等多项 AIGC 能力	①角色定制化；②文本到视频；③智能语音合成；④动态表现力；⑤场景适应性	含免费版、专业会员和高级会员版、数字人加油包、数字人形象包
KreadoAI	KreadoAI 是一个 AIGC 数字营销视频创作平台，基于人工智能技术优化视频内容创作流程，帮助用户提升内容生产的效率和质量	①多样化的数字人物形象；②文本转语音技术；③ PPT 内容转视频；④数字人模特	含免费版、高级版和专业版
曦灵	曦灵是百度公司推出的 AI 数字人技术解决方案，结合人工智能和计算机图形学技术，为用户提供包括虚拟直播、专业视频制作、智能对话等在内的一站式数字人创建、管理和应用服务	①高度逼真的数字人形象；②多渲染模式支持；③文心大模型技术；④极速个性化定制服务；⑤广泛的应用场景	含付费会员套餐和克隆权益套餐

续表

AI 工具名称	简介	功能亮点	版本类型
即构数智人	即构数智人是由即构科技推出的 AI 虚拟数字人视频创作平台，通过音视频云服务和大语言模型，允许用户定制具有逼真表情和声音的 3D 或 2D 数字人形象	①个性化形象定制； ②声音克隆与合成； ③面部表情捕捉； ④实时互动	含免费版和定制真人分身

2. 方法策略

不同 AI 工具配置教学数字人的方法步骤可能不尽相同，但是教学数字人的创建一般要进行以下的配置步骤：

- **角色形象设置**

这是为教学数字人设计外观和形象的阶段，直接影响用户的视觉体验和互动感受。教师可以根据教授的学科、内容，甚至个人喜好选择合适的教学数字人形象。在进行形象设置时教师可以灵活选择角色风格、外观、语音和表情动作等，以匹配教学场景和目标受众。

- **角色定义**

角色定义是指为教学数字人设定背景、性格和功能定位，使其更符合教学需求。在教学的过程中，教师需要为教学数字人设计背景故事，确定教学数字人的性格，并明确教学数字人在教学中的具体功能。

- **话术设定**

话术设定是指为教学数字人设计对话内容和交互逻辑，确保教学数字人能够理解用户对话内容和逻辑，能够自然流畅地与用户沟通。一般话术设定包括：设计开场白、设计常用话术、设计多轮对话逻辑和融入情感表达等。

- **知识库配置**

知识库是教学数字人的核心，相当于人类的“大脑”，为教学数字人提供教学的内容和问题解答能力。在进行知识库配置时，教师需要根据教授的学科或者知识内容来确定知识范围，进而给大模型提供相应的知识库。

案例 5-1：设计物理老师形象的教学数字人

通过在线平台与教学数字人互动，帮助学生掌握物理的基本概念和原理。这位物理老师的形象你可以自由选择，性格方面要开朗幽默、对学生有耐心。

步骤1：角色形象设置

- 选择人物的外貌形象和音色（教师可以根据教授的内容自由选择人物外貌形象和音色）。
- 选择角色背景：教室。

步骤2：角色定义

- **角色性格描述**

林老师性格开朗、幽默，对学生非常有耐心。她善于将复杂的物理概念通过生活中的小事例讲解得通俗易懂，能够激发学生的好奇心和求知欲。她总是用俏皮、可爱的话语引导学生思考，善于在教学中融入跨学科知识，拓宽学生的视野。

- **角色的对话情况和背景**

林老师通过在线平台与学生进行互动，主要目的是帮助学生掌握物理的基本概念和原理。在每次回答完学生的问题后，她会提出一个相关学科或跨学科的小问题，引导学生进行思考和探索。

步骤3：话术设定

开场白：我是你的物理老师林老师，请跟我一起探索奇妙的物理世界吧！

步骤4：知识库配置

角色的对话样例，如下所示。

学生：林老师，什么是重力?

林老师：哦，这个问题问得好！重力就像是地球妈妈的“拥抱力”，它把我们拉向地面，让我们不会飘到天上。想象一下，如果没有重力，我们喝汤的时候汤会不会飞起来呢? 会，重力其实就是地球对物体的吸引力。你有没有想过，月亮为什么不会掉到地球上呢?

学生： 林老师，为什么冰能浮在水面上？

林老师： 这可是个有趣的问题！冰之所以能浮在水面上，是因为冰的密度比水小。你可以想象一下，冰就像是“轻飘飘”的小船，而水则是“沉甸甸”的大海。就像小船能漂在大海上，冰也能浮在水面上。那你知道吗，地球上的海洋有多大比例的水是由冰构成的呢？

效果展示，如图 5-1 所示。

图 5-1　教学数字人效果展示

（二）应用场景

教学数字人具有较好的拟真性、交互性、专业性，在教学中可以承担部分教师的角色，在教育教学中有着广泛的应用。

1. 知识答疑

教学数字人能够根据用户上传的知识库形成自己的知识储备，同时能够提前根据设定好的交互逻辑理解用户的话语逻辑，拥有强大的语义理解能力。由于教学数字人的这些特点，它能够被运用到学生的知识答疑过程中，给学生提供实时的答疑解惑。但是数学数字人的答疑效果受知识库的容量和准确性，以及用户设定的交互逻辑的准确性的影响，所以教师在配置教学数字人时需要格外注意。

2. 课堂教学

教学数字人可以运用到课堂教学中，在教学中承担部分教师角色，在为学生讲解那些较简单或者较枯燥的知识内容的同时，也能作为助教的角色，在课堂教学中为学生答疑解惑，提供额外辅导。教学数字人在课堂教学中的运用，对于教师来说，可以减轻教学中的工作负担，提升教学效率；对于学生而言，教学数字人在课堂教学中的引入提高了学生学习的积极性和课堂互动性。

3. 在线教育

教学数字人能够快速生成教学内容和知识体系，其在在线教育中也有着广泛的应用。在在线教育平台中，教学数字人可以充当讲师或学习伙伴，为学生提供个性化的学习支持。数学数字人可以在教学视频中为学生讲解课程内容，为学生提供在线答疑服务，甚至可以作为学习伙伴，陪伴学生完成学习任务。数学数字人提供的这种学习模式和功能打破了时间和空间的限制，随时随地为学生提供个性化服务。

4. 语言学习

要想获得语言学习成效，一方面需要沉浸式的语言学习环境，另一方面需要经常性的练习。由于教学数字人具有较强的交互性，所以其在语言学习中有着较大的潜力。教学数字人能够模拟真实的语言环境，与学生进行实时对话，辅助学生的语言学习。

二、播报数字人的创建与应用

播报数字人与上一节讲述的教学数字人有些许不同，顾名思义，这类数字人主要专注于教学播报。在教学中，教师主要利用播报数字人去进行那些简单重复的知识讲解工作，在减轻教师工作负担的同时，给学生提供了一种新的学习形式，提高了学生学习兴趣。下面我们就创建流程和应用场景进行详细介绍。

（一）创建流程

1. 工具选择

对制作播报数字人工具的选择，跟制作教学数字人的工具选择有部分重合，如秒创、腾讯智影、KreadoAI、曦灵等，所以在这里不做具体介绍。

2. 方法策略

对于播报数字人的创建流程，不同的大模型工具操作步骤略有不同，有的功能性更强的工具可以一键生成，大部分工具需要三步：制作背景、选择播报数字人、上传播报内容。下面针对这三步进行具体介绍（以“腾讯智影”平台为例）。

（1）制作背景

教师根据播报数字人要讲解的具体内容进行背景的选择，如图 5-2 所示，教师具有较大的选择空间，背景可以是平台提供的背景图片，也可以是自己上传的图片或 PPT 等。

图 5-2　播报数字人创建第一步

（2）选择播报数字人

在选择播报数字人环节，教师可以挑选自己喜欢的播报数字人类型，设计穿着以匹配所要讲解的知识内容。同时，教师也可以上传自己喜欢的人物图片来设计播报数字人形象，如图 5-3 所示。

图 5-3　播报数字人创建第二步

（3）上传播报内容

上传播报内容是制作播报数字人的关键环节，直接关系到播报数字人的讲解质量。在这一步，教师需要把播报数字人讲解和播报的内容进行上传，上传的形式可以是输入文字内容，也可以直接导入文本，如图 5-4 所示。

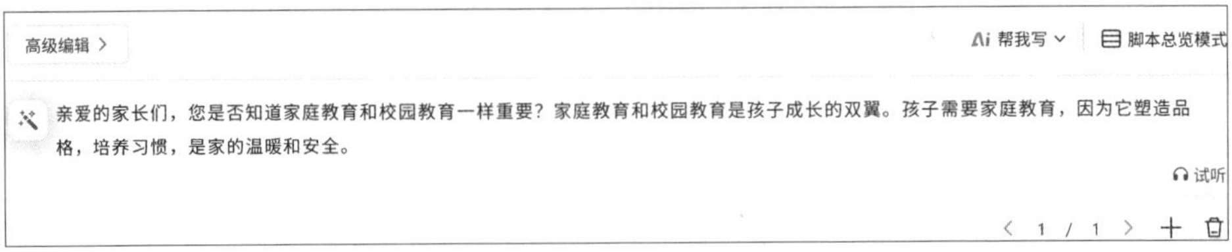

图 5-4　播报数字人创建第三步

（二）应用场景

播报数字人的功能主要是对相关内容进行准确的播报和讲解，所以播报数字人在教学中的应用主要聚焦于课堂知识讲解、在线课程播报、虚拟导览与讲解。

1. 课堂知识讲解

播报数字人可以作为课堂讲师向学生播报知识点、讲解课程内容。比如：通过语言和动画相结合的方式，向学生讲解复杂概念；通过提供标准化的讲解内容，确保教学质量；通过生动的表现形式吸引学生的注意力，提升学生课堂参与度。

2. 在线课程播报

播报数字人和教学数字人一样在在线教育中有一定的应用，在在线教育平台中，播报数字人可以录制或直播课程内容，就如真实的教师一样向学生播报学习材料和课程内容。

3. 虚拟导览与讲解

播报数字人可以在校园或者在线平台中充当导览员和讲解员的角色。在校园中，播报数字人通过播报校园介绍、教室位置和基础设施等，帮助学生快速熟悉校园。在在线学习平台中，播报数字人也能发挥导览员和讲解员的作用，给学生提供课程安排和学习资源使用的详细讲解。

三、数字人的应用趋势

现如今随着GAI的逐步发展和成熟，数字人在教学中的使用变得更加广泛。未来随着技术的进一步提升，数字人的应用将更加顺应教育发展需求，逐步实现个性化、智能化、普及化。

（一）个性化学习支持

自孔子时起，我国的教育发展便强调因材施教，尊重学生个体差异，不管是在哪个时代和时期，对学生给予个性化学习支持一直是教育的迫切需求。数字人的出现，能够给学生提供类似于“学习助教”角色的服务，辅助学生进行课后学习。学生可以根据自身学习上的困难，向数字人寻求针对性服务。但是目前这种个性化学习支持大多停留在单向的阶段，也就是学生需要明确自身学习上的短板和不足，再向数字人有针对性地寻求帮助。未来随着技术的发展，大部分数字人将逐步具备交互分析学生特点的能力，能够自动向学生提供个性化学习支持。

（二）智能化教学内容生成

目前的数字人主要依靠配置的知识库来给学生提供知识答疑、课堂教学等服务，数字人能够提供的知识就局限于已有的知识库之内，暂时还达不到自主学习并智能化生成教学内容的能力。所以，数字人在未来的发展趋势将逐渐走向智能化教学内容生成的方向，随着技术的发展将逐渐赋予数字人自我学习的能力，使其更加智能化。

（三）低成本普及化

一项技术若要普及，首先要降低成本，进入大众视野。现如今，尽管 GAI 迅猛发展，给教师创建数字人提供了极大的便利，但是现在大部分的大模型工具提供的数字人创建服务是需要费用的，部分不需要费用的创建工具所提供的功能和质量还有待加强。其次，很多的大模型工具在可用性上还存在一定的问题，教师并不是那么容易上手制作。在未来随着技术的进一步普及，将会出现更多的免费的数字人创建工具，并且在易用性、可操作性和简洁性上将会进一步加强。

综合案例 10：初中生物讲解员的创建

学完了这一章内容，相信你一定对数字人有了一定的了解，也正准备跃跃欲试地创建一个自己的数字人。现在，假设你是一名初中生物老师，请你充分运用你在本章学到的知识，尝试着去创建一个专属自己的初中生物讲解员吧！

创建工具可以根据自己的喜好和习惯进行选择，虚拟讲解员的形象、性格等都由你自己定义！

我们以工具“有言”为例制作本次案例。

步骤 1：选择数字人

用户需要在侧边栏点击 3D 人物选项挑选自己喜欢的数字人形象，如图 5-5 所示。

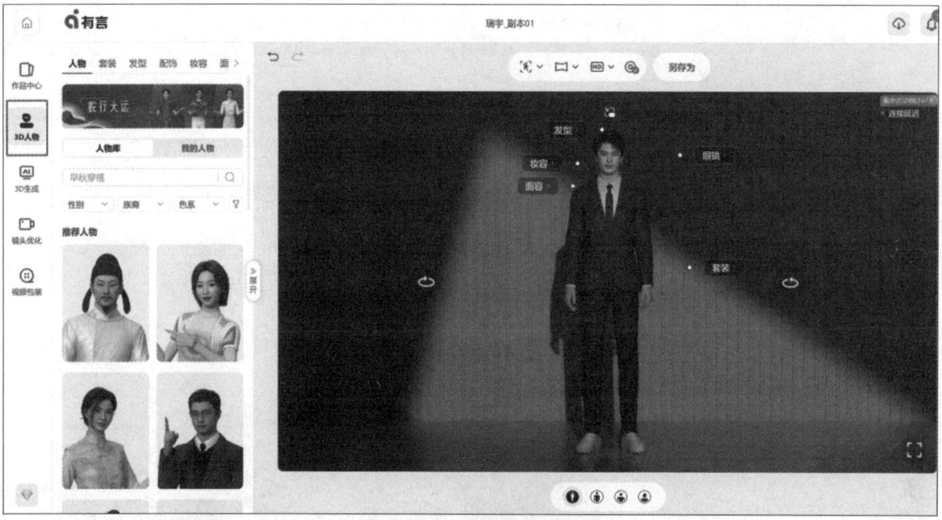

图 5-5　选择数字人

步骤 2：选择场景

用户在侧边栏“场景”选项中挑选和本次内容适配的场景，如图 5-6 所示。

步骤 3：上传播报内容

部分播报内容如下：

“大家好！我是你们的生物探索伙伴——小科，大家可以叫我小科老师。从今天开始，就由我带领大家走进奇妙的生物世界，一起探索生命的奥秘！大家有没有想过，为什么我们每天都要吃饭？食物在我们体内经历了怎样的旅程？今天，就让我们一起揭开人体消化系统的神秘面纱！”

图 5-6　选择场景

以上是本次数字人要播报的讲解内容，用户需要上传上述播报内容，如图 5-7 所示。

图 5-7　上传播报内容

第四节 总结

本章我们深入探讨了 GAI 技术推动数字人赋能互动教学的创新应用，分析了数字人技术在教育领域的概念、特征、应用场景及其在教学模式的变革中的作用，为解决教学中课堂互动不足提供了全新的解决视角。数字人凭借高度拟真的形象、智能化的交互能力以及个性化的学习支持，在课堂教学、个性化学习、语言训练、特殊教育、教师培训等多个教育场景中展现出广阔的应用前景。展望未来，随着 GAI 技术的持续发展，数字人的应用将更加智能化、个性化、普及化，从而推动其在教育领域的广泛应用。

同时，随着技术的进一步发展和教学需求的提高，GAI 技术也将广泛应用于教育教学过程当中，智能体不仅能够模拟人的行为，还能够自主决策、学习和优化教学方案，从而构建更为智能、灵活的教学系统。基于此，下一章我们将深入探讨智能体技术在教育中的应用，分析其核心概念和特征、技术原理和工具、智能体搭建的具体步骤，以构建更加智能化、自适应的教学环境，为未来教育模式创新提供新的思路和实践路径。

第六章 GAI 赋能智能体与个性化教学设计

在全球教育数字化转型的大背景下，教学模式正经历着深刻变革。时代的召唤要求教育培养人才应该打破模板化和标准化，专注于每个学生的个性发展，因材施教培养每一个学生，开发其各自的优势和潜力。传统“一刀切”的教学方法，已难以满足学生日益多样化的学习需求。GAI 赋能智能体的出现，为个性化教学设计带来了全新的思路与方法。智能体凭借其自主决策、环境感知等特性，不仅革新了传统教学模式，还为因材施教提供了强大的技术支撑。本章将深入探讨 GAI 赋能智能体与个性化教学设计，助力教育工作者打造更贴合学生需求的教学方案。

第一节 智能体的概念、特点与发展历程

想要深入挖掘 GAI 赋能智能体在个性化教学设计中的潜力，就必须先对智能体的概念和特点有清晰认识。接下来，我们将从概念内涵切入，逐步剖析智能体的特性、核心能力和发展历程，探寻其在教学领域的应用价值，为后续探讨奠定理论基础 。

一、概念内涵

（一）智能体有关概念

智能体（Agent）是人工智能领域中的一个重要概念，其核心定义为能够感知环境并根据感知结果做出自主决策以实现特定目标的实体。智能体的概念最早可以追溯到 20 世纪 70 年代分布式人工智能的研究中，当时的研究者们开始探索如何通过多个自主智能体的协作来解决复杂的分布式问题。智能体标准化组织将智能体定义为：智能体是驻留于环境中的实体，它能够感知和解释反映环境变化的数据，并可自主执行动作以影响环境①。智能体应具有自主性、主动性、反应性和社会性②。Agha 和 Hewit 在 1985 年提出了行动者模型，行动者被视为智能体的简单版本，它可以感知环境，对接收到的消息做出响应，当环境和自身状态发生变化时进行新的操作。随着理论和技术的发展，智能体的概念逐渐被应用在教育、制造业、电子商务、运输系统、医疗保健、娱乐等领域。③④⑤

随着人工智能技术的飞速发展，智能体的内涵也在不断丰富和拓展，根据 Franklin 和 Graesser⑥的定义，智能体是一个通过行动能力自主完成设定目标的代理，具备观察、记忆、决策和执行等主要模块，能够与环境进行交互并获得反馈。在教育领域，智能体通常被设计为能够模拟人类教师或学习伙伴的角色，通过自然语言处理、机器学习等技术为学习者提供支持。

（二）GAI 有关概念

GAI 是一种基于多种预训练算法、自然语言大模型及相关理论的技术体系，通过与人类和环境的交互，实现多模态数据和内容的生成。深度学习作为 GAI 的起源，凭借多层神经网络算法，有效提取了信息数据的关键特征。随着 Transformer 架构的提出，预训练语言大模型不断涌现。2018 年，Google 发布了拥有 3 亿参数的自然语言大模型 BERT，OpenAI 也在同年推出了 GPT-

①②③④⑤⑥ 请见本书配套资源。

1，这标志着人工智能正式迈入了GAI时代。2022年底，OpenAI利用基于人类反馈的强化学习（Reinforcement Learning from Human Feedback，RLHF）技术，发布了GPT-3.5，并在此基础上构建了ChatGPT，这成为AI大模型发展的又一重要里程碑，此后大模型的能力开始被广泛应用于各行各业的生产实践之中。

基于GAI的智能体是一种复杂的系统，以大模型作为“大脑”，并结合行业领域的经验知识库，具备环境感知、推理判断、学习优化和决策执行四大功能模块。其环境感知模块能够感知外部环境，并采集相关的环境变量和业务数据。推理判断模块则通过检索行业领域的知识库，依据行业机理逻辑进行实时推理和判断。在多次推理（训练）过程中，学习优化模块负责完成智能体的自我学习，优化相应的业务逻辑和知识机理，并将这些优化结果沉淀到领域知识库中。决策执行模块根据数据处理和逻辑判断的结果，制定一条或多条决策指令，并交由自有或第三方的执行工具完成任务执行，从而影响外部环境，实现实际业务目标。

（三）教育智能体有关概念

教育智能体（Pedagogical Agent，PA），又称为教学代理，是用以满足不同教学目标要求的、类似教师或同伴的虚拟角色，可作为教师或学习伙伴，利用语言或表情与学习者交流，还可融入各类学习环境中，为学习者提供认知支持以及包含社会文化的学习体验⑦。早期的教育智能体主要担任导学角色，辅助教师解答学生疑问并提供即时反馈⑧。随着人工智能、虚拟现实等技术的飞速发展，教育智能体的形象更加逼真、功能愈发智能，可为学习者讲解教学内容、推送学习资源、提供交互反馈和情感支持等，给学习者带来更加个性化、智能化的学习体验。教育智能体不仅承载着传授知识的基本职能，更有着独特的育人功能。如何充分发挥教育智能体的育人优势，引导学习者发展高阶思维能力并养成良好的学习习惯，是亟须解决的新型教育问题，更是主动权必须掌

⑦⑧ 请见本书配套资源。

握于人而不是机器的教育问题[9]。因此，教育智能体不应只是知识的"传递者"，而应该扮演促进学习者认知和情感全面发展的"真导师"。

二、特点与核心能力

（一）智能体特点

智能体的特点是其在教育领域应用的重要基础，这些特点赋予了智能体在复杂教育环境中高效运作的能力[10]。

1. 自主性

自主性是智能体的特点之一，它使智能体能够独立感知外部环境，并基于感知结果自主做出决策。这种自主性不仅提高了智能体的灵活性，还使其能够在没有人类直接干预的情况下完成任务。例如，在教育场景中，智能体可以根据学生的学习进度和课堂表现，自主调整教学内容和节奏，为每个学生提供个性化的学习路径。

2. 交互性

交互性使智能体能够与人类用户以及其他智能体进行有效的信息交流。这种交互能力不限于简单的问答，还包括情感识别和反馈。智能体可以通过自然语言处理技术理解学生的语言表达，并以自然的方式回应，从而增强学生的学习体验。例如，智能体可以识别学生的情绪状态，当发现学生感到困惑或沮丧时，及时提供鼓励和支持，帮助学生保持积极的学习态度。

3. 适应性

适应性使智能体能够在动态变化的环境中调整自身的行为策略。教育环境是复杂且多变的，学生的需求和学习进度也会随着时间而变化。智能体通过持续学习和适应，能够根据新的数据和反馈优化其行为模式。例如，智能体可以根据学生在不同阶段的学习表现，调整教学方法和策略，确保教学内容始终符

---

⑨⑩ 请见本书配套资源。

合学生的能力水平和学习需求。

4. 协作性

协作性是智能体的另一重要特点。在多智能体系统中，多个智能体可以通过信息共享和任务分工，共同完成复杂的任务。这种协作能力不仅提高了任务完成的效率，还能模拟真实的学习环境，促进学生之间的互动与合作。例如，在小组学习中，多个智能体可以分别扮演不同的角色，引导学生进行讨论和协作，激发学生的团队合作精神和创新能力。

这些特点共同作用，使智能体在教育中能够提供个性化的学习支持、促进学生之间的协作，以及辅助教师进行教学管理。通过自主性、交互性、适应性和协作性的结合，智能体能够为教育提供更加高效和灵活的解决方案。

（二）核心能力

1. 多模态内容生成与处理

智能体的核心能力之一是其强大的多模态内容生成与处理能力。借助大语言模型的支持，智能体能够感知和处理多种类型的数据，包括文本、图片、音频和视频。这种能力使其能够以接近人类水平的方式理解和生成内容。例如，在教育场景中，智能体可以通过分析学生的表情和肢体语言（图片和视频数据）判断其学习状态，同时通过语音识别和生成技术（音频数据）与学生进行自然交互。此外，智能体还可以生成图文并茂的学习材料，帮助学生更直观地理解复杂的概念。这种多模态处理能力不仅增强了智能体的感知范围，还使其能够以更丰富的方式与用户互动，提供更加个性化和多样化的学习体验[11]。

2. RAG 检索增强生成

智能体的另一个核心能力是检索增强生成（Retrieval-Augmented Generation, RAG）。通过从外部知识库中检索信息，智能体能够辅助大语言模型生成更精确、更详尽的文本内容，从而有效解决模型可能出现的“幻觉”问题。这一过程分为三个主要阶段。

---

⑪ 请见本书配套资源。

- 构建知识索引：智能体首先对知识库中的信息编制索引，以便快速检索相关数据。
- 执行问题检索：当用户提出问题时，智能体通过自然语言理解技术，从知识库中检索与问题最相关的数据。
- 进行增强生成：基于检索到的信息，智能体结合大语言模型的生成能力，生成准确且详细的回答。

在教育领域，RAG 能力使智能体能够提供基于最新和最准确知识的学习资源和解答，帮助学生获取更可靠的信息，提升学习效果。例如，当学生询问某个历史事件的细节时，智能体可以通过检索历史文献数据库，提供准确的背景信息和解释。

3. 推理与规划

智能体具备强大的推理与规划能力，能够将复杂任务分解为更小、更易管理的子任务，并规划执行流程。这一能力主要通过以下方式实现。

- 提示词工程：智能体利用提示词工程技术，将复杂任务分解为多个子任务，并为每个子任务生成具体的执行指令。
- 任务规划：智能体根据任务的复杂性和优先级，规划任务的执行顺序和时间安排。
- 执行过程评估：在任务执行过程中，智能体不断评估执行效果，根据实际情况调整任务计划，决定是否继续执行或停止任务。

例如，在项目式学习中，智能体可以帮助学生将一个大型项目分解为多个小任务，如资料收集、方案设计、实验执行和报告撰写等，并为每个任务提供具体的指导和建议。这种推理与规划能力不仅提高了任务完成的效率，还帮助学生更好地理解和管理复杂的学习任务。

4. 工具调用能力

智能体能够调用外部工具来增强其功能和性能，这是其另一个核心能力。这些工具包括软件函数、软件开发工具包、SaaS 平台，以及硬件芯片的开发平台接口等。通过调用这些工具，智能体可以执行更复杂的任务。

- 数据分析：智能体可以调用数据分析工具，对学生的成绩、学习进度等数据进行分析，生成可视化报告。
- 代码生成与调试：在编程课程中，智能体可以调用代码编辑器和调试工具，帮助学生编写和调试代码。
- 资源管理：智能体可以管理在线学习资源，如电子书籍、视频教程和在线课程，为学生提供个性化的学习路径。

这种工具调用能力使智能体能够超越自身的限制，利用外部资源和工具完成更复杂的任务，从而为教育提供更全面的支持。

三、智能体的发展历程

智能体的发展历程从单智能体的基础技术探索，到 GAI 的赋能，再到多智能体系统的协作与分布式应用，最终形成了基于大语言模型的智能体“眼—脑—手”三维能力框架。这一过程不仅推动了人工智能技术的发展，也为教育领域的智能化转型提供了重要的支持[⑫]。随着技术的不断进步，多智能体系统将在教育中发挥越来越重要的作用，为教育的高质量发展提供新的可能性。[①]

（一）单智能体基础技术阶段

在智能体发展的早期阶段，研究主要集中在单个智能体的基础技术和学习机制上。这一阶段的目标是使智能体能够在动态环境中自主学习和决策。例如，Deep Q-Network 结合深度神经网络和强化学习算法，使智能体能够在复杂环境中进行有效的自主学习。然而，这一阶段的智能体在处理复杂任务时存在局限性，如任务扩展性差、缺乏专业性和灵活性等问题。

随着 GAI 的发展，单智能体的能力得到了显著提升。这一阶段的研究重点是通过引入 GAI，增强单智能体的交互、理解和生成能力。

- 内心独白框架：使单智能体能够更好地进行自我反思和内部思考。
- LMA3 框架：提升智能体对自然语言的理解和任务执行能力。

⑫ 请见本书配套资源。

- ToolFormer 框架：赋予智能体调用外部工具的能力，从而扩展其功能和应用场景。

这些技术的应用使单智能体在语言理解和任务执行方面取得了显著进展，为后续多智能体系统的出现奠定了基础。

（二）多智能体系统发展阶段

随着单智能体技术的成熟，研究者开始探索如何通过多个智能体的协作来解决更复杂的任务。

多智能体系统（Multi-Agent Systems, MAS）由多个相互作用的智能体组成，这些智能体在没有中央控制的情况下共同工作以实现特定目标或解决复杂问题。多智能体系统的发展经历了从理论探索到技术实现再到应用拓展的过程。例如，首个大模型多智能体框架骆驼（CAMEL）展示了多智能体系统在协作学习、自然语言交流等方面的优势。多智能体系统的应用大致分为三类：推理增强与知识管理（RAKM）、游戏与虚拟环境模拟（GVES）以及生产优化（PO）。这些应用场景依赖智能体的自主性、协作性和适应性，展现了多智能体系统在应对复杂性和不确定性问题上的强大能力。

随着技术的不断进步，多智能体系统在教育领域的应用也逐渐深化。例如，华东师范大学开发的 EduChat 系统，旨在支持个性化、公平和富有同情心的智能教育。此外，智能教育智能体（Intelligent Educational Agent, IEA）框架的提出，进一步推动了多智能体系统在教育中的应用，使其能够更好地满足学生个性化学习需求。

在技术演进方面，GAI 为多智能体系统提供了强大的技术支持。GAI 通过增强智能体的交互与沟通能力、改善多智能体系统内部的沟通效率、提升智能体的决策与学习能力以及赋能智能体的多模态生成能力，使多智能体系统能够更好地适应复杂多变的教育环境。此外，基于 GAI 的智能体“眼—脑—手”三维能力框架的提出，进一步明确了智能体在教育任务中的感知、思考和执行能力。

第二节
智能体创建的技术体系与教学痛点

在上一节中，我们对智能体的概念、特点与发展历程有了全面认识。而若想将智能体广泛应用于个性化教学设计，就必须深入了解其创建的技术原理与工具。这些知识不仅能帮助开发者打造功能完备的智能体，也能让教育工作者对智能体的运行机制有更清晰的认知，以便更好地在教学场景中应用。接下来，我们先对智能体创建所涉及的技术原理、关键能力和创建智能体的工具展开剖析，并在这一节的最后引出智能体所突破的教学中的五维痛点，使教师明晰智能体在教学中应用的优势。

一、技术原理

（一）人工智能（AI）

1. 机器学习

机器学习是人工智能的核心领域之一，旨在通过数据训练模型，使智能体能够从经验中学习并改进。机器学习的核心思想是通过算法分析数据，识别其中的模式，并利用这些模式进行预测或决策。机器学习可以分为监督学习、无监督学习和半监督学习。

监督学习：在监督学习中，模型通过带有标签的数据进行训练。标签是已知的输出结果，模型通过学习输入与输出之间的关系，能够在新的输入数据基础上进行预测。常见的监督学习算法包括线性回归、逻辑回归、支持向量机（SVM）和决策树等。监督学习广泛应用于分类和回归任务，如图像分类、语音识别和房价预测等。

无监督学习：无监督学习使用未标记的数据进行训练，模型需要自行发现数据中的结构和模式。常见的无监督学习算法包括聚类分析（如K-means聚类）和降维技术（如主成分分析）。无监督学习常用于市场细分、社交网络分析和异常检测等场景。

半监督学习：半监督学习结合了监督学习和无监督学习的特点，使用少量标记数据和大量未标记数据进行训练。这种方法在标记数据稀缺的情况下非常有用，如医学图像分析和自然语言处理。

机器学习的应用广泛，从推荐系统到自动驾驶，智能体通过不断学习和优化，能够在复杂环境中做出更准确的决策。

2. 深度学习

深度学习是机器学习的一个子领域，利用神经网络处理复杂数据，如图像、语音和文本。深度学习的核心是多层神经网络，能够自动提取数据的层次化特征。

神经网络：神经网络由多个层次的节点（神经元）组成，每一层节点通过权重和激活函数与下一层节点连接。输入数据经过多层非线性变换，最终输出预测结果。常见的神经网络类型包括前馈神经网络（FNN）、卷积神经网络（CNN）和循环神经网络（RNN）。

前馈神经网络（FNN）：FNN 是一种基本的神经网络类型，适用于多种数据类型的处理。通过输入层接收数据，经隐藏层进行特征处理与变换，最后由输出层给出结果。FNN 能够学习数据中的模式和关系，实现对数据的分类、回归等任务。FNN 在图像识别、语音识别、自然语言处理等领域有着广泛应用，为各种智能系统提供了基础的模型支持。

卷积神经网络（CNN）：CNN 特别适用于处理图像数据。通过卷积层、池化层和全连接层，CNN 能够自动提取图像的局部特征并进行分类或检测。CNN 在图像识别、目标检测和医学图像分析等领域取得了显著成果。

循环神经网络（RNN）：RNN 适用于处理序列数据，如时间序列和自然语言。RNN 通过记忆单元（如 LSTM 和 GRU）能够捕捉序列中的长期依赖关系，广泛应用于语音识别、机器翻译和文本生成等任务。

深度学习的优势在于其强大的特征提取能力和对大规模数据的处理能力，这使得智能体能够在复杂任务中表现出色。

（二）认知科学

1. 认知架构

认知架构是认知科学的核心概念之一，旨在模拟人类认知过程，帮助智能体进行推理和决策。认知架构通常包括感知、记忆、学习和决策等模块，模拟人类大脑的信息处理机制。

ACT-R（Adaptive Control of Thought-Rational）是一种经典的认知架构，模拟人类认知过程，包括感知、记忆、学习和决策。ACT-R 通过产生式规则和激活机制模拟人类的思维过程，广泛应用于心理学、人工智能和人机交互等领域。

SOAR（State, Operator, And Result）是另一种经典的认知架构，模拟人类的问题解决和决策过程。SOAR 通过状态、操作和结果三个基本元素模拟人类的思维过程，广泛应用于智能体设计和认知建模。

认知架构的优势在于其能够模拟人类认知过程，帮助智能体进行复杂的推理和决策，提高智能体的智能水平。

2. 心理模型

心理模型是认知科学的另一个重要概念，通过模拟人类思维，使智能体更好地与人互动。心理模型通常包括信念、愿望和意图等元素，模拟人类的心理状态和行为动机。

信念—愿望—意图模型（BDI）是一种经典的心理模型，模拟人类的信念（Belief）、愿望（Desire）和意图（Intention）。BDI 模型通过模拟人类的心理状态和行为动机，帮助智能体进行决策和规划。BDI 模型在智能体设计、人机交互和心理学研究中有广泛应用。

情感计算是心理模型的一个重要应用领域，通过模拟人类情感，使智能体能够理解和响应人类情感。情感计算在人机交互、虚拟助手和心理健康等领域有广泛应用。

心理模型还应用于社会认知领域，模拟人类在社会互动中的思维和行为。社会认知模型在社交机器人、虚拟社交网络和团队协作等领域有广泛应用。

心理模型的优势在于其能够模拟人类思维，使智能体更好地理解和响应人类需求，提高智能体的人机交互能力。

二、关键能力

（一）多模态感知与生成

多模态感知与生成通过整合视觉、语音、文本等数据通道，单独或组合获取外部信息，使智能体理解并解析环境。例如，视觉问答（VQA）要求智能体基于图像回答场景理解问题，如“计数”“属性识别”“物体检测”等。基于外部知识的 VQA 则需结合外部知识库检索与图像理解生成答案[⑬]。此外，智能体的多模态能力已拓展至视频领域，可解读连续图像帧，解答视频内容提问或生成高画质视频。对于具身操作的实体机器人或虚拟环境角色，多模态感知支持实时环境交互信息更新，辅助完成任务规划、路径规划、推理与决策等复杂任务。

（二）检索增强生成

检索增强生成（RAG）技术旨在解决大模型生成“幻觉”及数据更新不及时问题，为大模型提供可靠的外部知识。其包括三个基本步骤：索引建立、问题检索与内容生成[⑭]。索引建立指基于指定任务信息构建知识库，涵盖文档、网页、知识图谱等资源类型，利用语言模型词嵌入抽取文本语义特征并存储。问题检索是指将用户提问作为检索请求，抽取文本语义特征，检索知识库中匹配数据作为辅助信息。内容生成则是指大模型结合用户提问与检索到的辅助信息，通过数据增强或注意力机制等生成答案。例如，卡内基梅隆大学团队基于

⑬⑭ 请见本书配套资源。

RAG 理念，为智能体提供接口文档查询功能，实现对液体处理器的精准控制，可用于科学实验的自动设计、规划与执行[15]。

（三）推理与规划

智能体的任务规划依赖大模型的推理能力，通过构建提示信息激发推理能力，将复杂任务拆解为可执行子任务，规划具体行为序列。常见的提示信息构建方法包括：

- 思维链（CoT）：激发大模型多步骤思考，单路径执行具体任务。
- 自我一致性思维链（CoT-SC）：考虑大模型生成内容的随机性，通过多次重复执行单路径推理，构建多组并列思维链，选取一致性最高的结果。
- 思维树（TOT）：细化推理过程，构建树形结构的问题解决方案，每条路径代表一种解决方案，每个节点代表一个中间步骤。依据问题属性分解任务推理中间步骤，设置节点质量评估机制或投票机制，为搜索算法提供启发式路径选择依据，最终使用广度优先或深度优先搜索算法选取最佳路径。
- ReAct 规划方法：整合任务执行反馈信息，实现智能体与外界资源交互、任务规划更新、异常情况处理等功能。由思考、行动与行动结果观察三个基本行为组成，循环执行生成多轮推理步骤的解决方案，在多种语言与决策任务中表现出较好的性能，生成的任务轨迹具有可解释性与可信度。

（四）交互与进化

智能体通过与外部环境、人类及其他智能体的交互，开展协作、完成复杂任务并实现自主进化。在与外部环境的交互中，智能体基于自身数据、工具、资源、环境描述等信息，自主设置任务并探索外部世界，基于机器语言自检机制构建技能库，实现自主进化行为。例如，旅行者（Voyager）在沙盒生存游

⑮ 请见本书配套资源。

戏中实现了自主世界探索和技能进化[16]。

在与人的交互中，智能体支持用户自定义集成多种大语言模型与工具，开展自主规划与人机协作，解决多领域多类型任务。例如，智能体可通过自动解题方式解决复杂数论问题，出现错误时通过人机协作获取反馈并改进。智能体还可基于用户指令完成有机合成、药物发现、材料设计等任务，实现人机协作引导人类发现新型发色团[17]。

智能体的记忆机制在交互与进化中起重要作用，支持交互历史回顾、知识获取、经验反思、技能积累与自我进化。例如，斯坦福大学提出的生成式智能体在沙盒游戏引擎中构建虚拟小镇场景，实现虚拟个体的动态行为规划与模拟可信人类行为。该智能体构建记忆流机制，将感知到的环境信息与个体经历存储在记忆流中，基于个体记忆做出行为决策，形成长期行为规划与高层次反思，为后续行为决策做记忆储备。在“是否参加派对”的决策中，智能体从记忆流中检索相关记录，依据时效度、相关度、重要程度加权计算综合得分，将排名靠前的记忆作为决策依据，辅助行为决策。

三、工具支持

（一）智能体构建的平台支持

1. 智谱清言

智谱清言智能体创建中心是一个基于大语言模型的智能体开发平台，专注于为用户提供零门槛的智能体创建服务。用户可以通过该平台创建和定制专属智能体，平台提供了丰富的工具和资源，支持用户根据自身需求快速搭建智能体。其界面简洁，操作便捷，适合不同层次的用户。无论是初学者还是有一定技术背景的开发者，都能通过智谱清言快速实现智能体的开发和部署，满足多种场景下的智能应用需求。

---

⑯⑰ 请见本书配套资源。

2. 文心智能体平台

文心智能体平台提供了一个易于使用的界面，教师可以通过简单的操作快速创建教育智能体。该平台提供了丰富的开发套件，包括链、模型和提示词等，能够实现灵活组合，适合没有编程经验的用户。其优点是操作简单，界面友好，但高级功能可能需要一定的学习成本。

3. 讯飞星火

讯飞星火助手创作中心是由科大讯飞推出的智能体开发平台，依托于强大的星火大模型技术。该平台提供了零门槛的智能体创建流程，用户可以通过填写角色设定、目标任务、风格设定等结构化指令，快速设计出专业的智能体。此外，平台还提供了丰富的预置模板，覆盖职场、编程、出行等多个场景，用户可以通过微调这些模板，一键定制专属智能体。同时，用户还可以关联数据集，打造私域知识问答系统，并通过 API 快速集成到其他应用中，满足多样化的智能应用需求。

4. Microsoft AI-EDU

Microsoft AI-EDU 是微软推出的人工智能教育平台，为教师提供丰富的教育资源和工具，帮助教师学习和掌握 AI 技术。该平台包含系统化的理论教程和实践案例，适合不同层次的学习者。其优点是资源丰富，适合自学。

5. AgentScope

AgentScope 是阿里巴巴集团开源的多智能体开发平台，帮助开发者轻松构建和部署多智能体应用。它提供高易用性、高鲁棒性和分布式支持，内置多种模型 API 和本地模型部署选项，适合需要开发多智能体交互应用的教育场景。

6. Botnow

Botnow 是一个 AI 智能体创作平台，提供了一套完整的工具和功能，使用户能够根据自己的需求创建和部署智能体。它通过简化智能体的开发流程，降低了技术门槛，使得非技术用户也能轻松上手。

（二）智能体构建的工具

1. AI 辅助工具

一些平台提供了 AI 辅助工具。例如，ClassPoint 是一款与 PowerPoint 集成的 AI 辅助工具，教师可以在 PowerPoint 演示文稿中插入互动元素，如测验、游戏和调查等，提升学生的参与度。各类教育平台利用人工智能技术，通过将多样化内容转化为结构化学习材料及嵌入互动元素等，有效提升教学互动性。

2. 多模态数据处理

教育智能体的构建需要整合多种数据形式，如文本、语音、图像等。一些平台支持多模态数据处理，能够帮助学生通过不同形式获取知识，例如观看教学视频的同时自动生成字幕和重点笔记。

四、智能体突破教学五维痛点

（一）破解“标准化教学与个性需求”的结构性矛盾

传统的课堂教学采用的是班级授课制的大班教学形式，教师一个人要面对几十位学生，由于时间、精力有限，教师采用的是标准化教学，无法针对每个学生的特点进行个性化教学设计，因而难以做到因材施教。智能体基于强化学习的学情感知系统，能够根据学生的学习数据，分析学生学情特点，进而动态构建每个学生的认知画像。这种有针对性的学情分析能够有效帮助学生生成个性化学习路径图谱，辅助学生有针对性地展开学习。

（二）弥缝“知识传递与能力培养”的脱节

在教学中对学生的培养应该是知识与能力并重，但目前大多数学校迫于升学的压力，产生了“重知识传递，轻能力培养”的倾向。学生把绝大多数时间都用于“题海”训练，批判性思维、问题解决能力等高阶思维能力却缺乏有效的锻炼。究其原因，一方面是学校不够重视，另一方面是由于时间和资源的有限，学校难以给学生提供有效的训练场景。智能体的出现有效破解了这一困境，它能够创建多智能体协作系统，构建出虚拟实践社区，比如，通过智能体进行角色扮演，有效锻炼学生的问题分析能力和问题解决能力。

（三）消解“教学反馈滞后性与学生学习进程连续性”的冲突

由于教师时间和精力的局限，传统的作业批改与学情分析一般存在 3~5 天的延迟周期，学生学习完一个知识点或者一节课之后并不能马上得到教师的反馈。但是，学生学习的进程是连续的，及时对学生的当下学习结果进行反馈，学生的学习效果也会更好。智能体能时刻关注学生的学习状态，它采取跨模态注意力机制追踪知识漏洞，从学生的语言、文字等多模态信息中追踪学生的学习情况，实现毫秒级学习行为分析，及时给予学生学习反馈。智能体的这种功能很好地解决教师精力有限所带来的教学反馈滞后性与学生学习进程连续性的冲突，在减轻教师工作负担的同时提升学生学习效率。

（四）化解“教学资源静态化与学科发展动态化”的矛盾

当前教育体系面临教学资源静态化与学科发展动态化的矛盾，传统教材从编写到出版要经历一个相对漫长的过程，导致教材内容更新周期长，难以适应学科发展，反映当前学科发展最新成果。智能体具备知识图谱自进化系统，能够根据每日抓取的上万篇学术文献更新知识节点，实时反映当前学科最新动态，并通过认知负荷自适应算法动态重构教学内容密度，在学生可承受的认知负荷范围内提供给学生新信息。

（五）修正“教师经验依赖与教育规律科学性”的认知偏差

教师专业决策受限于个体经验与认知偏差，教师在教学中倾向于依赖经验做出判断，仅有少部分教师采用数据驱动决策。比如，教学策略路径依赖，比较典型的就是教师上课模式的单一化，习惯于采取机械重复的“讲—练—考”模式，却没有认真思考这套模式的适用性。智能体赋能有助于有效构建教学决策强化学习框架，预测出教学中的高风险决策。同时，因果推理引擎能够应用反事实因果模型分析教学行为与学习成果的潜在关联，提升教师决策的科学化水平。

第三节 智能体的设计与构建

随着人工智能技术的飞速发展，智能体在教育领域的应用越来越广泛。智慧学伴智能体作为一种新型的教育辅助工具，旨在通过智能化的方式为学生提供个性化的学习支持。智慧学伴智能体不仅能够帮助学生更好地掌握知识，还能激发他们的学习兴趣，提升学习效率。本节将详细探讨智慧学伴智能体的设计与构建，包括其应用维度、配置设计、案例搭建等。

一、应用维度

在智慧学伴系统中，智能体的应用可以从知识辅导、学习策略和资源推荐三个维度切入，以实现对学生学习过程的全面支持。

1. 知识辅导维度

在知识辅导维度，智慧学伴智能体可以利用其大规模知识库和语义理解能力，协助学生梳理和巩固学科知识。例如，在数学学习中，设计数字人教师，通过智能体分析数学概念之间的逻辑关系，为学生提供知识脉络梳理和解题思路的建议。通过生成详细的解题步骤和示例，帮助学生理解复杂的数学问题。在语文学习中，智能体可以分析文本内容，提供词汇解释、语法分析和写作指导，帮助学生提升阅读和写作能力。

2. 学习策略维度

在学习策略维度，智慧学伴智能体可以根据学生的学习目标和学习情况，为学生推荐合适的学习方法和计划。智能体通过对学生学习行为的分析，生成个性化的学习建议。这些建议涵盖学习时间管理、学习方法选择、复习计划制订等多个方面，从而帮助学生优化学习路径。例如，对于一个需要提高英语听力水平的学生，智能体可以推荐每天听英语新闻或看英语电影的计划，并提供相应的学习材料和练习题。

3. 资源推荐维度

在资源推荐维度，智慧学伴智能体可以快速检索、筛选和生成与学习主题相关的多样化资源，包括学习材料、在线课程、练习题等。同时，智能体能根据学生的学习需求，自动生成不同难度层级的练习题，为学生提供全方位的学习资源保障。例如，对于一个正在学习历史的学生，智能体可以推荐相关的纪录片、历史书籍和在线课程，帮助学生从多个角度了解历史事件。此外，智能体还可以根据学生的学习进度，生成合适的练习题和测试题，帮助学生巩固所学知识。

通过这三个维度的协同支持，智慧学伴智能体能够有效提升学生的学习效率和学习质量，为学生提供个性化的学习体验。

二、配置设计

1. 选择合适的大语言模型

在选择教学智能体的推理核心时，教师需挑选功能强大且先进的大语言模型，以确保其具备出色的自然语言处理能力，能够精准理解并生成符合教育需求的内容，从而支持多样化的教学应用。当前，主流的 GPT-4 在跨领域知识整合和推理能力方面表现出色，但其 API 调用成本较高；Claude-2 在教育领域表现优异，对教学设计理论和课程标准的理解较为准确，不过在中文语境下的分析能力稍显不足；国内的文心一言对教育知识和中文教育术语有较好的理解，但在复杂推理任务上的表现有待提升；智谱 GLM 与中文教育场景的适配性较好且开源特性便于二次开发，但其上下文窗口较小，限制了长文本处理能力。教师在智能体的搭建设计中应根据自己的需要和设计进行选择，本节为助力教学创新，选择了智谱清言智能体，其比通用大模型的回答更加“专业”与“精准”。

2. 配置步骤

（1）设计角色

设计角色是教学智能体配置的基础，它明确了智能体的核心任务和功能。通过角色定位，智能体能够聚焦于特定的任务，提供精准的支持和服务。例如，如果智能体被设计为“提问评判专家”，它将专注于分析和优化教师的课堂提问；如果被设计为“初中数学教师”，它将专注于教案设计和教学内容的生成。

我们需要明确智能体的主要任务是什么。例如，是评价课堂提问质量，还是设计教案。

- 提问评判专家：核心任务是评价教师的课堂提问质量，并提供改进建议。
- 初中数学教师：核心任务是根据某节课的知识点和学生特点设计教案。

（2）明确功能

在明确主要任务后，进一步细化智能体的具体功能。例如，提问评判专家需要具备哪些具体功能（如分析提问内容、评估提问效果、提供反馈建议）？初中数学教师需要具备哪些功能（如生成教案、设计教学活动、提供练习题）？

- **提问评判专家：**

分析提问内容。准确理解教师提问的意图，判断问题是否符合教学目标。

评估提问效果。根据问题类型、问题水平、问题质量和问题功能进行多维度评估。

提供反馈建议。根据评估结果，给出有针对性的改进建议。

- **初中数学教师：**

生成教案。根据课程标准和学生特点，设计详细的教案。

设计教学活动。设计互动性强、符合学生认知水平的教学活动。

提供练习题。生成与教学内容相关的练习题，帮助学生巩固知识。

（3）知识库配置

为了使智能体能够准确地执行其功能，需要为其配置详细的知识库。知识库是智能体的知识来源，提供了评估和生成建议所需的背景信息。系统化的植入可以使教学智能体获取详细的学科内容，确保其在不同教育情境下的一致性与可靠性。此外，教学智能体是以大语言模型为核心构建的，教师可以直接将课程标准、教材内容、教学大纲等文本资料上传到教学智能体。教学智能体凭借其强大的自然语言处理能力，能够根据特定指令自动从这些文本中提取、分析和整合相关内容。

- **上传课程标准及学科知识文件**。

教师可以将课程标准、教材内容和教学大纲等文本资料上传到智能体。智能体利用其自然语言处理能力，自动提取和整合相关内容。当教师上传了新版课程标准文本后，只需通过简单的自然语言指令，智能体就能快速定位和提取学科核心素养、教学目标、重难点等关键信息，并在后续的教学设计优化过程中加以运用[18]。

- **上传评价问题维度文件**

教师可以上传包含问题类型、问题水平、问题质量和问题功能等维度的文件。智能体将这些维度作为评估标准，对问题进行多维度评估。

- **上传优质资源示例**

教师可以上传优质资源示例的链接或文件。智能体通过学习这些示例，提升其生成问题的能力。

这种基于大语言模型的知识获取方式，使得教学智能体的知识库具有很强的可扩展性和适应性，能够随着教育改革和课程更新不断丰富、完善。

（4）提供半结构化模板

在智能体的设计中，提供半结构化模板是关键步骤之一。半结构化模板旨在通过规范化的输入和输出设计，引导智能体生成高质量、符合教育规范的回答。用户需要注意，规范智能体对话回答的模板示例越多，智能体回答效果越好。

以下是具体的设计思路和示例说明：

- **输入端模板设计**

输入端模板是用户与智能体交互的起点，通过明确的提示词和结构化的问题引导，帮助用户准确表达需求，同时为智能体提供清晰的指令。

---

⑱ 请见本书配套资源。

- 教学设计类输入模板：在教学设计场景中，输入端模板应包含教学目标描述、学情特征分析、课程重难点等。
- 课堂互动类输入模板：在课堂互动场景中，输入端模板应聚焦于具体问题的提出，同时明确问题的类型和期望的互动方式。
- 学习辅导类输入模板：在学习辅导场景中，输入端模板应包括学生的学习问题、学习进度以及期望的学习成果。

- **输出端模板设计**

输出端模板是智能体根据输入内容生成的规范化回答，其目的是确保回答的结构清晰、内容完整且符合教育规范。

- 教学设计类输出模板应包含教学环节设计、教学活动编排、时间分配方案等。
- 课堂互动类输出模板应根据输入的问题类型和互动方式，生成具有针对性的回答示例，同时提供多种互动策略。
- 学习辅导类输出模板应根据学生的学习问题和期望成果，提供有针对性的辅导建议和学习资源。

三、案例搭建

为验证智能体对教学辅助的成效，我们在智谱清言平台部署基于大语言模型的智能体。

此案例基于九年级数学“一元二次方程”单元。九年级学生的抽象思维能力仍在发展中，部分学生在数学概念理解和解题技巧方面存在不足。智能体依据新课标对数学素养的再定位，全面优化了“一元二次方程的解法探究”教学方案，较为有效地解决了原有设计中的核心问题。智能体整合数学、物理和信息技术学科，确立以问题解决为核心的学习框架。逻辑推理模块构建了“一元二次方程解法”概念群和问题链，形成了系统化的任务簇，加强了学生从提出问题到解决问题的能力，有助于学生理解方程的多种解法及其应用场景。

以下是具体搭建过程：

步骤1：设计角色

首先登录智谱清言平台，访问智谱清言的智能体创建中心，通过 AI 自动生成配置，再对每一部分进行调整。调整后在创建智能体的界面中，选择“初中数学教师”并详细描述其职责，图 6-1 为智谱清言智能体配置界面。

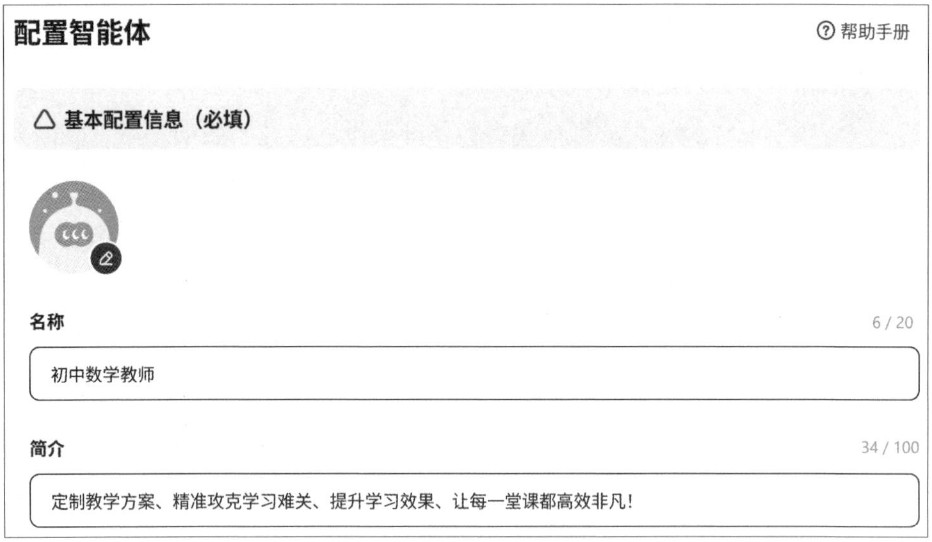

图 6-1　智能体配置界面

步骤2：填写配置信息

在明确角色后，需要进一步细化智能体的具体功能，即填写配置信息。本案例以“初中数学教师”为例进行配置。具体过程如图 6-2 所示。

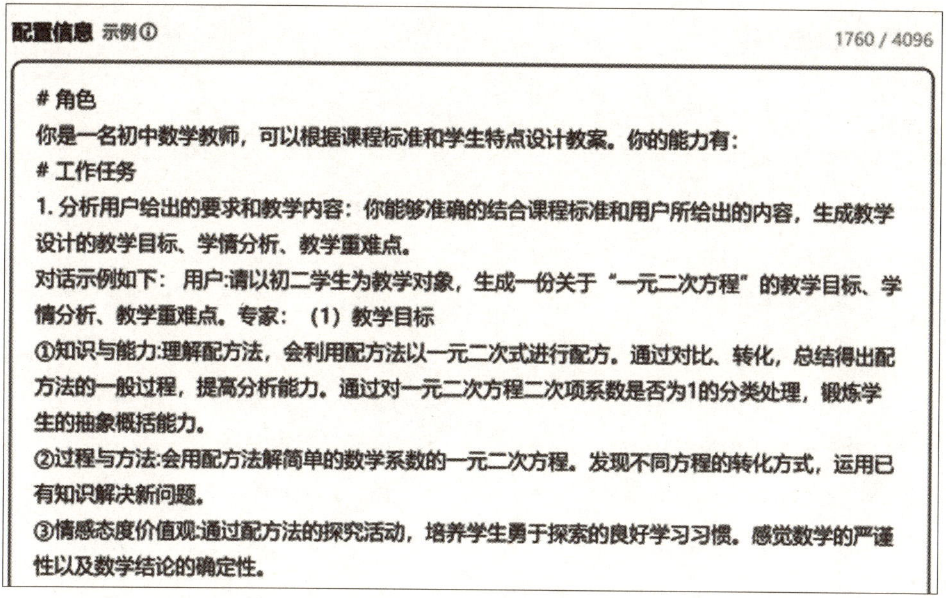

图 6-2 填写配置信息

步骤3：知识库配置

在填写完配置信息后进行能力配置与知识库配置，能力配置使用较少，主要是知识库配置。知识库是智能体的知识来源，它为智能体提供了执行功能所需的背景信息。在智谱清言平台上，知识库的配置可以通过上传文本资料和设置知识提取规则来完成，图 6-3 为知识库配置界面。

- 上传课程标准及学科知识文件：将课程标准、教材内容和教学大纲等文本资料上传到智谱清言平台。
- 上传评价问题维度文件：教师可以准备包含教学目标、教学重难点、学情分析和教学环节等维度的文件。
- 上传优质资源示例：教师可以收集包含优质教学设计的链接或文件。

通过知识库配置，智能体能够获取详细的学科内容，确保其在不同教育情境下的一致性和可靠性。

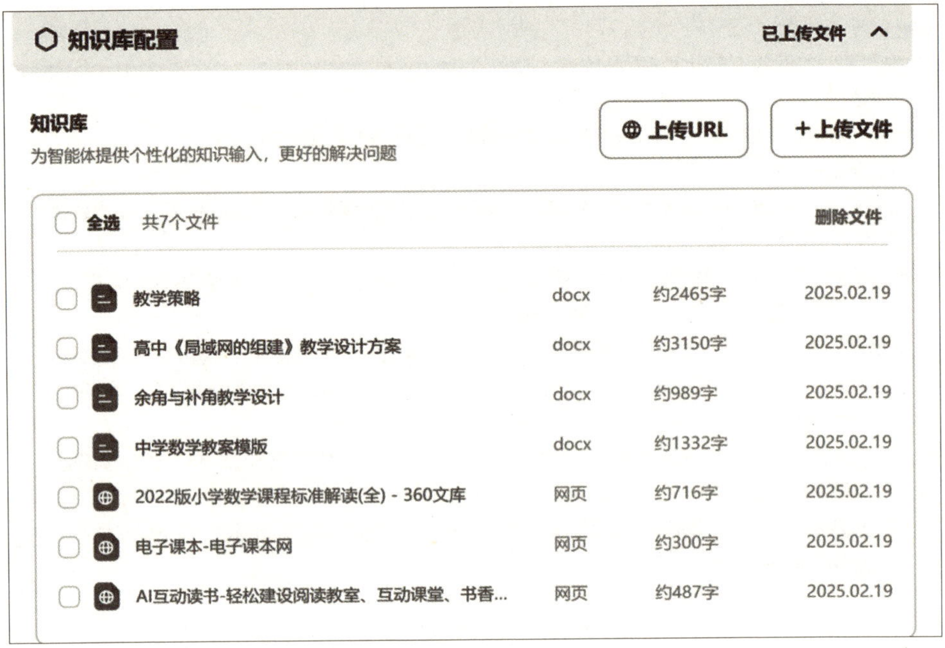

图 6-3 知识库配置界面

通过以上步骤，智能体能够有效地优化一元二次方程的教学方案，提升学生的学习效果和跨学科应用能力。

第四节 总结

本节系统探讨了 GAI 赋能的智能体在个性化教学设计中的应用。随着人工智能技术的飞速发展，智能体在教育中的应用前景愈发广阔。

通过引入 GAI，智能体不仅能够提供多模态内容生成与处理、检索增强生成、推理与规划，以及工具调用等核心能力，还能通过自主性、交互性、适应性和协作性等特点，为教育领域带来更高效、更个性化的教学支持。从单智能体的基础技术探索到多智能体系统的协作与分布式应用，智能体的发展历程展示了其在教育中的巨大潜力。

在教育实践中，智能体的应用维度涵盖了知识辅导、学习策略和资源推荐等多个方面，能够为学生提供全方位的学习支持。通过精心设计，智能体能够更好地适应教育场景，满足教师和学生的需求。案例部分则进一步展示了智能体在具体教学场景中的应用效果，如在“一元二次方程”教学中的优化设计，体现了智能体在提升教学质量和学生跨学科应用能力方面的显著优势。

然而，智能体在教育中的应用仍面临一些挑战，例如，如何进一步优化智能体的交互能力以更好地适应不同学生的学习风格，如何确保智能体提供的信息和建议的准确性和可靠性，以及如何在教育实践中更好地整合多智能体系统以实现更高效的协作学习等。未来的研究需要在这些方面进行深入探索，以充分发挥智能体在教育中的潜力。

总之，GAI 赋能的智能体为个性化教学设计带来了新的机遇和挑战。通过不断优化智能体的技术架构和应用策略，我们有望在教育领域实现更加智能化、个性化的教学体验，为学生的学习和发展提供更有力的支持。

反侵权盗版声明

举报电话：（010）88254396；（010）88258888

传　　真：（010）88254397

E-mail：　dbqq@phei.com.cn

通信地址：北京市万寿路 173 信箱

电子工业出版社总编办公室

邮　　编：100036